Viața se întâmplă

Violeta Stavrositu   Cristi Stavrositu

Viața se întâmplă

București 2022

Biblioteca Națională a României
Viața se întâmplă /
Stavrositu Violeta, Stavrositu Cristi
București, 2022

ISBN 978-973-0-36509-2

Redactare: Cristi Stavrositu
Design copertă: Violeta Stavrositu
Ilustrație: Kelly Stevens-McLaughlan,
            FabFunky, Regatul Unit
Sursă citate: internet

instagram: viața_se_întâmplă
lifehappensbook@gmail.com
telefon/whatsapp 0758 549 589

„Când pierdem pe cineva drag,
nu trebuie să învățăm să trăim fără el,
ci să trăim cu dragostea
pe care a lăsat-o în urmă."

~ autor necunoscut

Prefață

Cartea este inspirată din cei zece ani trăiți împreună cu minunatul nostru labrador retriever englez pe nume Trust — adică Încredere.

Legătura extraordinară dintre noi și Trust a trecut dincolo de toate barierele convenționale de rasă, de limbaj, de roluri și de ierarhie socială. Singurul obstacol căruia n-am putut să-i facem față și ne-am dat bătuți acceptându-ne înfrângerea și supunerea, a fost timpul sau mai precis ritmul diferit de a trăi.

Spre deosebire de oameni, câinii au un ritm de viață super accelerat, de aceea speranța de viață a unui câine de talie medie spre mare cum este labradorul, este undeva la 10-12 ani.

Știind că Trust trăiește atât de intens în așa de puțini ani și pentru că doream să ne bucurăm cât mai mult împreună, viața noastră cu el a fost una foarte activă, uimitoare și plină cu surprize de tot felul.

Am râs și am plâns împreună, am trăit cele mai frumoase și incredibile aventuri, dar și unele dintre cele mai grele și dureroase momente. Cu toate acestea, a fost cea mai valoroasă călătorie pe parcursul căreia ne-am îmbogățit cu multe înțelegeri, pe care le-am numit **Trustisme.**

Toate personajele sunt reale, dar am ales să nu le folosim numele ci să-i lăsăm pe protagoniști să se descopere singuri citind cartea. Cei care se vor recunoaște pe parcursul cărții cu siguranță că își vor aminti cu drag și se vor amuza. Și poate uneori se vor întrista, dar și bucuria și tristețea fac parte din viață, iar **viața se întâmplă.**

Titlul cărții face referire la faptul că viața se întâmplă în moment, iar momentul este nou, surprinzător și neștiut de nimeni dinainte, pentru că nimeni nu poate ști ceva ce încă nu s-a întâmplat. Menționăm că nu este o carte recomandată prezicătorilor sau ghicitoarelor celebre.

Dar faptul că nu știm cum va fi clipa următoare nu trebuie să ne oprească din a spera și a plănui, ci doar să ne facă conștienți că noi putem și *trebuie* să facem doar partea care ține de noi. Și atât.

Viața se manifestă spontan, mereu nouă, dincolo de orice cuvinte și concepte, conform principiilor naturale, așa cum foarte bine observase încă de acum sute de ani Leonardo da Vinci când a spus: „natura nu își încalcă niciodată propriile legi".

Când reușim să vedem viața cu ochi proaspeți, totul capătă sens și astfel viața de zi cu zi devine sacră, așa cum de fapt a fost dintotdeauna, doar că ochii care o priveau nu mai puteau să vadă asta.

„Să renunți la control și să urmezi
cursul natural al vieții,
înseamnă să capeți controlul
pentru prima dată.”

~ Vigdis Garbarek

Cupidon

Erau la una din mesele de prânz servite împreună cu toți colegii de la curs. Cristi care *întâmplător* se așezase vizavi de Violeta, încerca să facă conversație cu ea, dar ea tot privea pe geam, fix în direcția opusă. După câteva momente, Cristi curios o întreabă:

— La ce te uiți pe geam?

— La un dalmațian, foarte rar vezi dalmațieni, îi răspunde ea.

— Într-adevăr rar. Am și eu acasă un câine, e puiuț...

— Ce câine?

— Labrador.

În acel moment Violeta nu a mai putut scoate vreun cuvânt, pentru că tocul pantofului celei care stătea pe scaunul alăturat, i-a străfulgerat piciorul. Posesoarea pantofului cu toc ascuțit era o bună prietenă de a ei, care auzind discuția, a vrut *discret* să o facă atentă, știind cât de mult iubește Violeta labradorii. Îi iubea atât de mult încât de fiecare dată când vedea unul pe stradă era musai să se ducă la el și să-l drăgălășească. Se oprea întotdeauna, chiar și atunci când era cu mașina!

Când a auzit Violeta de existența unui labrador în viața lui Cristi, s-a bucurat atât de mult, încât a uitat de durerea de la picior. S-ar fi dus să-l vadă, dar era în București, așa că s-a mulțumit să-l întrebe dacă are o poză cu el. Cristi, a fost pe fază și în loc să-i arate o poză, i-a cerut adresa ei de email, ca să-i trimită poze cu labradorul. Violeta curioasă și nerăbdătoare să-l vadă, i-a dat adresa. A fost șah la regină.

Scena s-a petrecut la un restaurant italian, într-una din pauzele de la cursul de programare neuro-lingvistică al Institutului Kutschera, unde s-au cunoscut. Nu se gândeau atunci cât de importanți vor deveni în foarte scurt timp unul pentru celălalt și nici nu știau felul în care viața pe căile ei misterioase și surprinzătoare i-a adus împreună de la sute de kilometri distanță. Și cu siguranță nu aveau habar despre partea magică a poveștii, când viața în felul ei ingenios a introdus în scenă un labrador care juca cu mult talent rolul lui Cupidon.

Au urmat multe email-uri cu cel mai adorabil labrador pe care-l văzuse vreodată Violeta, labrador care era pe atunci doar un puiandru năzdrăvan de șapte luni.

Violeta își dorea dintotdeauna un labrador, pentru că văzuse ea când era copil, că în familiile fericite din filme, era întotdeauna și un labrador. Acesta era prezent chiar și în pozele de pe șemineu. Ca și copil, ea a înțeles că labradorul este condiția unei familii fericite, așa că spera că într-o zi va avea și ea unul...

Și expresia „dacă n-ar fi, nu s-ar povesti" se potrivește și aici, pentru că dacă nu ar fi fost labradorul în cauză, cu siguranță nu ar fi fost nici această poveste adevărată.

Viața este atât de ingenioasă,
încât poate folosi pe post de Cupidon,
chiar și un Labrador.

Trust

La început, puiuțul de labrador era fără vreun nume și totuși era complet și perfect așa cum era.

Cu timpul însă, primea tot felul de nume de la cei care se jucau cu el și atunci a fost musai să aibă un nume al lui. Cristi l-a numit Trust - se pronunță Trast - adică Încredere și s-a dovedit a fi cel mai potrivit nume pentru acest loial și onest labrador englez, pe care te puteai baza întotdeauna.

Avea ochi mari, negri, profunzi și luminoși care dezvăluiau o prezență de spirit sclipitoare. Era auriu, mare și blând, iubitor și expresiv, jucăuș și prietenos, mâncăcios și tare haios.

Dacă ar fi să ne luăm după gura lumii, Trust era un labrador *tare frumos, mai rar așa un exemplar*, ni se spunea foarte des. Dar cum noi nu prea ne luăm după gura lumii, putem spune fără să exagerăm că nu a mai fost și nu va mai fi unul ca el. Cum bine a zis scriitorul W. R. Pursche: „fiecare om crede că el are cel mai bun câine…și toți au dreptate."

Ne-a fost alături la bine și la greu, la muncă și la plimbare, întotdeauna la masă, la tot felul de evenimente și în toate vacanțele (mai puțin cele cu avionul). Și am învățat multe despre noi din această oglindire constantă cu el.

Am văzut împreună mări și țări, ne-a fost luat într-un Ajun de Crăciun, am salvat împreună cățel mai puțin norocoși și le-am găsit familii, a fost aproape de moarte de la o mușcătură de căpușă, ne-a alergat și ne-a scos din zona de confort de mii de ori.

Ne-a însoțit aproape peste tot făcându-ne să ne simțim *acasă* oriunde eram cu el. Am dansat, ne-am jucat și am înotat împreună.

A știut să trăiască bucuros, liniștit și curios să înțeleagă cât mai mult din ce se întâmpla în jurul lui. A iubit tot ce se putea iubi, dar în special a iubit oamenii, jocul cu mingea, mâncarea bună, zăpada, muntele și marea.

Știa foarte bine ce i se potrivește, ce îi place și ce nu și care este locul lui. Era atent să nu deranjeze (în special cu coada lui mare), avea mult bun simț și știa să-și arate afecțiunea. Se arăta întotdeauna așa cum era, iar dacă ceva sau cineva nu-i plăcea, știa foarte bine să se facă înțeles.

Trust a avut multe roluri pe care le-a jucat impecabil, dar în primul rând rolul de Cupidon care a făcut ca această poveste reală să existe.

A fost totodată cel mai bun companion pentru că te puteai baza pe prezența lui liniștită indiferent de circumstanțe.

Calmul lui Trust nu era condiționat de liniștea sau agitația din jurul lui.

Calmul lui Trust ținea de faptul că el se simțea bine în blana lui și își trăia propria natură.

Misiunea lui începea dis-de-dimineață: era cel mai simpatic ceas deșteptător. Aștepta în liniște lângă pat, până când știa că te-ai trezit. Apoi își punea botul pe pernă și te privea vesel, dând din coadă. Nasul umed, ca o trufă neagră și uriașă cu care te trezeai în fața ochilor, îți transmitea cât de dor i-a fost de tine. E imposibil să nu ai o dimineață frumoasă, când prima ființă pe care o vezi îți arată cât ești de iubit. Era dovada vie că fiecare zi e o zi importantă și merită să fie trăită cât de frumos se poate.

Urma rolul lui de cel mai perseverent antrenor de sport, pentru că nu exista dimineață în care să nu ne îmbie la o sesiune de exerciții de gimnastică pe podea. După care, urma bineînțeles o plimbare în aerul proaspăt al diminetii, care de obicei includea și exerciții cardio: alergarea neprevăzută după vreo pisică. Deși pisicile câștigau întotdeauna cursa, Trust nu renunța niciodată. Cu siguranță că era și antrenorul lor, pentru că altfel nu ne explicăm de ce le alerga. Oricum nu-și dorea să le prindă.

Când se întâmpla ca pisica să nu aibă chef să alerge și rămânea pe loc, Trust o saluta dintr-o privire și își vedea de drumul lui. Dacă pisica își zburlea părul și își arcuia spatele parcă să-l sperie și să-l alunge, Trust, se apropia încet și curios să o miroasă pe această atletă. Cu cât pisica se încovoia mai tare ca să pară mai fioroasă, cu atât Trust devenea mai intrigat și se apropia mai mult, să o adulmece mai bine. Dacă pisica alerga, alerga și Trust — cu tot cu noi dacă îl aveam în lesă. Când pisica se oprea, se oprea și el. Se crea o scenă de urmărire ca-n filme între cele două personaje, scenă care, de cele mai multe ori atrăgea spectatori amuzați, care-i pozau sau îi filmau pe cei doi protagoniști. Era un spectacol de comedie în toată regula.

După alergarea de dimineață, Trust avea mare grijă să ne amintească că e timpul pentru un mic dejun delicios.

Ne putem trezi bucuroși în fiecare dimineață. Faptul că trăim e un motiv suficient!

În fiecare zi, putem afla ceva nou.
Lumea e plină de lucruri pe care nu le știm.

Trust în Austria

Pantera neagră

Era prima noastră vacanță de iarnă împreună și prima dată când Trust își folosea pașaportul. Am ales Austria, pentru că știam că este o țară spectaculoasă, civilizată, bogată în cultură și cu mâncare savuroasă.

În plus, ne-a surprins într-un mod foarte plăcut și felul în care erau tratate animalele de companie. Ne-am amintit cuvintele lui Mahatma Gandhi: **„măreția unei națiuni și progresul ei moral pot fi măsurate prin felul în care sunt tratate animalele.”**

Puteam intra cu Trust în aproape toate magazinele, cu toate că el nu prea era interesat să cumpere ceva, în afară de șnițele vieneze.

În restaurante, când veneau la masă să ne ia comanda, îi aduceau lui Trust imediat un bol cu apă și ne întrebau dacă să-i aducă și ceva de mâncare. Faptul că te simți atât de bine primit cu prietenul tău blănos, te face să fii și mai atent să nu cumva să deranjeze pe cineva, să-l ții aproape de tine în locurile aglomerate și bineînțeles să lași curat în urma lui.

Prima noastră oprire a fost Viena pe care am explorat-o și admirat-o câteva zile, în lung și-n lat. Trust abia împlinise un an, era plin de energie și de curiozitate să descopere locuri, mirosuri și bineînțeles gusturi noi și delicioase.

Eram cazați la un hotel cu un design mai avangardist, care în zona recepției avea o statuie reprezentând o panteră neagră în mărime naturală, deci mult mai mare decât un labrador. Era atât de bine realizată statuia, încât când am văzut-o prima dată am tresărit.

Pe Trust l-a intrigat Pantera de la început. O lătra scurt de fiecare dată când intram sau ieșeam, un fel de bună ziua sau de bună seara, după care, pentru că Pantera era nepoliticoasă și nu-i răspundea la salut, Trust se apropia încet de ea, îi dădea un ocol și pentru că ea rămânea nemișcată, se apropia și mai mult și o supunea testului suprem al câinilor: mirosul.

Dar în cazul Panterei negre, lipsa mirosului îl confuza pe Trust și mai tare, pentru că nu înțelegea mai deloc cum această creatură neagră, mare, nemișcată și mută, nu are nici măcar miros. Era chiar o ciudățenie nemaivăzută și nemaipomenită.

Trust, putea să înțeleagă că Pantera nu fusese educată și de aceea nu îi răspunde la salut, dar nu și-a pierdut speranța și a continuat să o salute toată perioada cât am stat acolo. Bineînțeles că putea să înțeleagă și faptul că poate Pantera era prea obosită sau prea leneșă să se miște, pentru că și el era uneori obosit după ce alerga sau înota ore în șir, iar după, tot ce își dorea era să se trântească într-un colț răcoros unde să stea liniștit și să sforăie în voie. Dar ce nu înțelegea în nici un chip, era cum poți fi atât de prost dispus încât să nu dai nici măcar din coadă, dacă tot ești în picioare, adică nu dormi? Asta era prea de tot pentru Trust!

Iar enigma cea mai mare era cum de nu are miros această creatură misterioasă? Asta contrazicea de-a dreptul tot ce știa Trust. Era atât de amuzantă această interacțiune dintre Trust și Pantera neagră, încât de fiecare dată stârnea hohote de râs printre clienții, personalul hotelului și cei care mai erau prin preajmă în acel moment.

După acest ritual care avea loc cel puțin de două ori pe zi, adică la plecarea și la întoarcerea noastră, ne vedeam în continuare de drum, în care e adevărat că nu mai întâlneam pantere negre, dar aproape de fiecare dată întâlneam căței dispuși să se joace, să se adulmece și să se măsoare cu Trust. Sau să dea din coadă. Iar dacă cățeii întâlniți nu dădeau din coadă, măcar să-l latre. Și cel mai important pentru Trust, să miroasă și ei a ceva ca să-i poată recunoaște, adică să știe și el cât de cât cu cine are de-a face, nu ca Pantera neagră cea nepoliticoasă.

Faptul că cineva e morocănos,
nu are legătură cu tine.

Trust dansator

Într-una din frumoasele zile petrecute în imperialul și încântătorul oraș Viena, am parcat mașina pe o stradă cu clădiri impunătoare și pline de istorie și am pornit în explorarea zonei. Viena este un oraș atât de vibrant și de fascinant, cu o arhitectură bogată de la baroc la modern, cu clădiri din secole diferite care se îmbină uimitor de armonios, încât are câte ceva de oferit pentru fiecare.

Am ajuns și la una din cele mai vizitate adrese, locul în care „părintele psihanalizei" Sigmund Freud, a trăit cea mai mare parte a vieții, a practicat și a pus bazele psihanalizei. Imobilul găzduiește acum Muzeul Freud și cea mai mare bibliotecă de psihanaliză din Europa. Locul impregnat de amintiri, te poartă parcă în timp. Simți că ai intrat în universul Freud. Scrisorile primite de la Einstein sunt dovada că cei interesați de cunoaștere au găsit întotdeauna căi de a comunica. În pozele de pe pereți se vede dragostea lui pentru Jofi, cățelușa lui rasa Chow Chow, care îl însoțea la ședințele de terapie. Se spune că Freud a observat efectul de calmare al pacienților în prezența lui Jofi și ținea cont și de *părerea* ei, în evaluarea lor. Dacă Jofi se apropia, însemna că pacientul era calm, dacă Jofi se îndepărta, știa că pacientul este tensionat. Pe vremea aceea însă lumea era sceptică în ceea ce privește capacitatea unui câine de a *mirosi* stările emoționale ale oamenilor și abilitatea de a calma prin simpla lui prezență liniștită și iubitoare.

Abia după câteva decenii, în urma multor studii clinice și cercetări, s-a ajuns la concluzia că intuiția lui Freud fusese bună și au început să se pună bazele Terapiei Asistate de Animale, cu beneficii extraordinare asupra sănătății și cu rezultate impresionante în tratarea depresiei, a stresului post traumatic și a altor afecțiuni.

Bineînțeles că după această incursiune în timp, am stat la o cafea aromată în Cáfe Freud, un loc plăcut, cu un decor primitor care te invită la un moment de reflecție.

Pentru că Trust a fost răbdător și înțelegător cu noi, când ne-am întors unde aveam mașina parcată, ne-am zis că e bine să-l onorăm și pe el cu o partidă de fotbal înainte de a pleca. Am început să ne jucăm cu mingea pe trotuar. Până atunci jocul lui Trust cu mingea era foarte simplu, mingea era șutată, iar el retriever fiind, alerga după ea și ne-o aducea înapoi.

De data aceasta însă, în momentul în care voiam să șutez, Trust s-a poziționat în fața mingii ca un adevărat portar și stătea atât de vigilent încât efectiv nu mai aveai pe unde să dai mingea. Atunci am schimbat brusc poziția în care mă aflam, am încercat să-l fac să creadă că voi șuta cu piciorul drept, dar în momentul următor schimbam piciorul ca să-l fentez, însă el era așa pe fază încât tot schimbând picioarele între ele cu viteză tot mai mare, mi-am dat seama că ajunsesem să dansăm ca în oglindă.

Era atât de haios să-l vezi pe Trust dansând în acea seară frumoasă de iarnă în Viena. Muzica clasică ce se auzea de la una dintre case, făcea ca toată scena să fie de poveste.

Cred că am fi stat acolo mult timp că tare bine ne simțeam, plus că mai aduceam zâmbete pe buze celor care treceau pe lângă noi, dar am observat că pe geamul de la șofer al mașinii noastre era lipită o coală mare de hârtie. La cât era de mare și de temeinic prinsă, nu părea ceva de bine.

Am întrerupt brusc spectacolul spre surprinderea lui Trust — *debutantul dansator* — ca să vedem despre ce este vorba. În loc să încasăm ceva pe reprezentația oferită spontan, am aflat citind hârtia, că avem de plătit o ditamai amenda de parcare.

Ne-am zis că o vom plăti a doua zi și o să considerăm că am plătit *chirie* pentru scena pe care a avut loc reprezentația lui Trust, dar când să ne urcăm în mașină am văzut că aveam și o imensă caracatiță galbenă prinsă de roată. Așa că i-am sunat și i-am așteptat pe cei cu deblocarea. Nu au întârziat mult, dar până să vină am mai profitat de *scena închiriată* și de muzica care încă se auzea pe fundal și am mai făcut un *dans* spre marea bucurie a lui Trust. Așa că amenda și-a meritat toți banii, pentru că spectacolul a fost complet, incluzând un bine-venit bis.

Cine și-ar fi imaginat că Trust va dansa pentru prima dată pe o *scenă* din Viena.

Viaţa chiar aduce momente uimitoare
care trebuie savurate pe deplin,
așa cum un cățel își savurează osul.

Enigma de la Salzburg

Următoarea noastră oprire în drumul spre stațiunile de schi a fost frumosul Salzburg, orașul lui Mozart. Ne doream mult să vedem acest minunat oraș, impresionant prin arhitectura, cultura și frumoasele împrejurimi de la poalele Alpilor.

Mergând pe jos și admirând fiecare loc încărcat de istorie am înțeles de ce mare parte din centrul vechi al Salzburgului este patrimoniu mondial UNESCO.

Este într-adevăr un oraș fermecător, aranjat și vesel. Un oraș care transmite că **oamenii care îl locuiesc, îl iubesc și își doresc să trăiască acolo.**

Stilul baroc și arta modernă se îmbină perfect, făcându-l un oraș potrivit pentru toate vârstele. Ai atâtea opțiuni, încât oricât vei sta, parcă tot va mai fi ceva de vizitat. Vitrinele magazinelor sunt împodobite cu toate formele și mărimile de cutii cu praline de ciocolată cu imaginea lui Mozart pe ele, atrăgătoare și îmbietoare, numite Mozartkugeln. În cele mai multe dintre magazine și în restaurante se aude în surdină muzica lui Mozart. O adevărată încântare.

Am văzut și cel mai vechi restaurant din Europa, despre care se crede că ar fi fost deschis în anul 803 și care încă funcționează. Este restaurantul la care lua masa des și Mozart.

Și tot admirând și contemplând noi, iar Trust tot explorând, ajungem în frumoasa zona numită *Fântâna cailor* și imediat după, vedem tunelul care leagă orașul vechi de unul dintre cartierele Salzburgului: tunelul Sigmundstor, cel mai vechi tunel din Austria, lung de 131 metri. Trust curios că nu mai fusese în vreun tunel pietonal, prinde viteză. La un moment dat, nu l-am mai văzut, așa că mărim și noi pasul. În momentul în care facem câțiva pași în tunel, îl vedem pe Trust că se întorcea în viteză având în gură ceva foarte mare, învelit parțial în hârtie de ambalaj.

Am încercat să vedem ce este și mare ne-a fost surpriza când ne-am dat seama că este un jambon întreg, gătit și aburind!

Era așa o imagine să-l vezi pe Trust ieșind din tunel cu ditamai jambonul aburind în gură. Nu ne venea să credem, ne uitam unul la altul, ne uitam în toate părțile să vedem dacă nu cumva suntem la camera ascunsă. Cum să apară câinele din tunel cu un ditamai jambonul în gură?

Era ireal. Ne uitam de jur împrejur să vedem cine i l-a dat, dar n-am văzut pe nimeni și nici vreun magazin. Eram total surprinși, iar Trust era foarte precaut, ca nu cumva să-i luăm jambonul. Am așteptat o vreme să vedem dacă vine cineva din tunel sau dacă vin cei de la camera ascunsă să ne spună că e o farsă. N-a venit nimeni, așa că a rămas pentru totdeauna ca o enigmă pentru noi.

Trust era nerăbdător să-l mănânce, căuta cu privirea un loc potrivit pentru minunea de cină. A găsit un loc mai ferit, s-a așezat și a început să-l savureze, iar noi ne uitam la el și ne ploua în gură. Mirosea atât de bine, iar aburii ridicau mireasma fix la nasurile noastre.

Așteptam nerăbdători să-și termine festinul salzburghez, să putem merge și noi la un restaurant. După ce Trust a isprăvit cu strașnicul jambon, ne-am dus să mâncăm și noi ceva. A fost foarte bună cina noastră, dar n-a mirosit nici pe departe ca cina lui Trust.

Nu o fi Austria țara în care „umblă câinii cu covrigi în coadă", dar cu siguranță e țara în care poți întâlni pe stradă un câine fericit cu un jambon întreg în gură. Un jambon aburind într-o zi geroasă de iarnă. Jambon care a apărut ca prin minune în gura lui Trust și a cărui proveniență va rămâne o enigmă pentru noi.

Viața chiar e surprinzătoare! E bine să mergem prin viață cu ochii larg deschiși sau în cazul în care ești labrador cu nasul adulmecând în vânt, pentru că niciodată nu putem ști ce este chiar după colțul străzii.

Viața se întâmplă,
lasă-te surprins, chiar și răsfățat uneori.

Trust „Căpetenie"

Tocmai ne întorsesem de pe munte în cochetul și primitorul nostru apartament din frumoasa stațiune de schi, Bad Gastein. Ne petrecusem întreaga zi pe munte, iar acum era așa de plăcut să stăm la căldură și să ne amuzăm de peripețiile de peste zi. Pentru că atunci când ești cu un labrador este aproape imposibil să eviți aventurile și peripețiile.

În ziua aceea urcasem cu telegondola până sus pe creastă. Era foarte amuzant cum

Trust aștepta să vină o telegondolă, se deschideau ușile, o inspecta, o mirosea și o lăsa să treacă. Apoi aștepta următoarea telegondolă și făcea la fel, spre amuzamentul tuturor celor care-l priveau. Cam la a treia sau a patra telegondolă, urca și el și atunci urcam și noi. Ne ziceam că aceasta e sigură, pentru că fusese verificată de Trust.

Din telegondolă, Trust se uita curios la cum se vedeau de sus în jos brazii plini de zăpadă. Din când în când, cobora pe lângă noi o altă telegondolă din celălalt sens, iar Trust o urmărea cu privirea până când nu se mai vedea, parcă să se asigure că ajunge cu bine jos. Pentru el, telegondolele erau ca niște mingi roșii uriașe, care se plimbau vesele în sus și în jos.

Sus pe munte peisajul era fermecător, totul alb imaculat, soare strălucitor, iar timpul parcă se oprise. Trust era fascinat întotdeauna când ajungea într-un loc nou și încerca să-l descopere cât mai bine. Iar cum aici era plin de zăpadă — preferata lui după apa mării — Trust era în al nouălea cer. Și noi la fel. Am fi stat cu siguranță toată ziua acolo, dacă nu ni s-ar fi făcut foame.

Am coborât pe lângă pârtiile de schi în șir indian, prin stratul generos de zăpada pufoasă. Trust era *căpetenia* noastră de nădejde care făcea salturi ca un cerb, iar noi săream în urmele adânci lăsate de el. Din când în când se oprea și verifica dacă *tribul* lui este complet. La una din opriri, spre surprinderea noastră, vedem că tribul s-a mărit considerabil. Se pare că nu eram singurii în *căutare de hrană*.

Unul dintre noii veniți a început să cânte iodlere — cântece specifice locuitorilor din Alpi — iar noi ceilalți încet și timid la început, ne-am alăturat. Fără să ne dăm seama, vocalizam împreună, fiecare pe limba lui, de parcă eram buni prieteni plecați într-o expediție. Trust era singurul care nu cânta, pentru că el trebuia să fie atent pe unde ne duce, având o mare responsabilitate, ținând cont că eram sus pe creastă.

Drumul până la locul din care veneau miresmele îmbietoare a fost o adevărată încântare pentru toți. Ne-am luat la revedere iar Trust a fost îmbrățișat și felicitat pentru că ne-a condus în siguranță și pe traseul cel mai scurt. Nu-i de mirare, la cum simte el mirosurile, în special cele de mâncare.

L-am proptit pe Trust pe terasa însorită și am intrat în restaurant unde mâncarea aburindă era așa de îmbietoare. Am luat câte o tavă și ne-am servit cu specialitățile lor, având grijă să punem ceva bun și pentru Trust, care cu siguranță detectase aroma de mâncare proaspăt scoasă de pe foc.

Îți venea să iei din toate, atât de apetisant arătau. Gastronomia austriacă este renumită ca fiind savuroasă, de aceea Austria este denumită și țara savorilor. Iar să poți servi o mâncare ca aceasta în mijlocul munților după câteva ore petrecute în zăpadă, era ceva de-a dreptul fantastic.

Ajungem noi la casa de marcat, îmbătați de miresmele din farfurii, dar în momentul în care vrem să plătim, ni se spune că nu putem plăti cu cardul. Atunci am observat cum instinctiv mâinile nostre au strâns tăvile, într-un fel în care să se înțeleagă clar că nu vom renunța așa ușor la bunătățile alese, mai ales că afară ne aștepta Trust flămând și pofticios, deci nu puteam să ne întoarcem fără *pradă*. Dacă va trebui să rămânem la spălat de vase sau frecat podele, asta e...

Doamna a înțeles imediat și ne-a întrebat senină:

— Mâine mai urcați la schi tot aici?

— Da, urcăm sigur! răspundem noi în cor.

— În regulă, atunci ne plătiți mâine.

Am răsuflat ușurați auzind așa o veste bună. A scris suma pe o bucățică de hârtie și a prins-o pe peretele din spatele ei. Am văzut atunci mai multe bilețele prinse pe perete, deci mai erau și alții ca noi. Așa că am ieșit triumfători pe terasă și am savurat bunătățile împreună cu Trust, încălziți de razele soarelui și admirând priveliștea splendidă.

Am avut deci o zi tare faină pe munte, dar să revenim cu povestea la întoarcerea noastră în apartament.

Cum stăteam noi relaxați și vorbeam, la un moment dat ne dăm seama că nu-l văzusem pe Trust de ceva vreme. De obicei stătea la picioarele noastre sau foarte aproape de noi, privindu-ne până când adormea. Ne uitam prin apartament și nu-l vedem; ne întrebăm unul pe altul dacă am deschis ușa de la intrare și răspundem amândoi că nu. Ne uităm și pe terasă, dar stratul gros de zăpada era intact, deci clar că nu ieșise Trust pe acolo.

Era de-a dreptul bizar. Mai privim o dată în tot apartamentul, nici urmă de Trust. Ne uităm sub pat, sub canapea, sub fotolii... nimic. Ziceai că există o ieșire secretă ca în aventurile lui Arsène Lupin.

Ne învârtim noi prin tot apartamentul, îl strigăm, ne uităm din nou pe terasă, pe hol, în baie, bucătărie și dormitor. Nici urmă de Trust. Vrem să ne așezăm în living să ne tragem sufletul, când colo, pe fotoliul care era cu spatele spre noi, dormea foarte adânc... Trust! Luase forma rotundă a fotoliului și cum acesta era auriu la fel ca și blana lui, era strașnic camuflat.

Ne-am dat seama atunci cât de mult ne pot păcăli convingerile pe care le avem, cum ne influențează percepția, astfel încât în loc să vedem ceea ce este, vedem ceea ce credem că este, bazându-ne pe trecut, pe cunoscut. În mintea noastră, dacă Trust ar fi fost acolo, putea fi doar pe jos, nicidecum cocoțat în fotoliu, pentru că Trust nu se urca niciodată în pat sau în fotolii. În plus, noi îl și strigasem pe Trust, deci eram siguri că nu poate fi acolo, pentru că el vine imediat atunci când îl strigăm.

Dar ce nu luase în considerare în acel moment mintea, era că după ziua petrecută în zăpadă Trust dormea buștean și deși era chiar lângă noi nu ne auzea.

A fost un moment foarte bun de reflecție la felul cum noi oamenii, de cele mai multe ori, **reacționăm pe baza obișnuitului, în loc să privim cu ochi proaspeți ceea ce este în fața noastră.**

✤ ✤ ✤ ✤

A doua zi am luat telecabina și am urcat din nou pe munte să ne achităm masa și bineînțeles că am mai savurat ceva, că tare bune sunt preparatele austriece calde după o plimbare lungă prin zăpadă.

Trust la schi

Toți labradorii sunt dornici să te înso-
țească oriunde mergi și să participe la toate
activitățile pe care le faci. Așa sunt ei. Dacă în
unele situații acest lucru era un mare avantaj,
ca de exemplu destinderea atmosferei la o în-
tâlnire de afaceri, acum într-o zi de mers la schi
trebuia să găsim o soluție bună pentru toți.
Problema nu era că Trust nu s-ar fi putut ține
după noi, nici vorbă de așa ceva, el alerga pe
zăpadă cu o viteză greu de egalat, dar pe pârtie
fiind și alți schiori nu puteam să-l lăsăm liber.

Aveam noroc că eram pe pârtie împreună cu un grup de prieteni, așa că Trust ținea pe rând companie celor care făceau o pauză. Stătea la locul nostru de întâlnire și privea mereu curios în sus spre pârtie, de parcă era un antrenor vigilent și dedicat echipei sale, așteptându-și nerăbdător schiorii. Îi lipsea doar cronometrul.

La un moment dat, crezând că cel care coboară este un schior din echipa lui, care are probleme și nu poate opri la locul de întâlnire, Trust o zbughește după el. Noi văzând asta, mergem după Trust, dar fiind cu clăparii în picioare, nu doar că nu l-am prins, dar la scurt timp nici nu l-am mai văzut, atât de repede coborâse sau mai bine zis, atât de încet ne mișcam noi. Imediat ne-am întors și ne-am pus schiurile. De data asta am pornit în viteză după el, dar când am trecut de prima curbă, îl și vedem pe Trust că se întoarce hotărât spre noi. Nu știm dacă l-a ajuns pe acel schior sau și-a dat seama după miros că nu-i din echipa lui, dar cert este că venea înapoi foarte hotărât să-și reia locul în mijlocul echipei.

A fost așa o experiență să ne aventurăm

cu Trust în Alpi. Atât de mult iubea zăpada și compania oamenilor încât era o adevărată încântare să-l ai alături. Prietenii noștri care erau pentru prima dată pe o pârtie de schi cu un labrador, erau pur și simplu fascinați de prezența lui veselă.

Și cum parcă e păcat să fii în zona Kaprun și să nu admiri întreaga regiune de pe platforma panoramică „Top of Salzburg", ne-am hotărât să urcăm și noi pe ghețar la 3000 de metri altitudine. O parte din grup voia să se retragă la cald să mănânce ceva bun, iar Trust care înțelegea imediat când era vorba de mâncare și-a arătat intenția să meargă cu ei. Am stabilit să ne reîntâlnim în après-skiul de la baza pârtiei.

❈ ❈ ❈ ❈

A fost într-adevăr spectaculos și a meritat din plin. Am coborât recunoscători celor care de-a lungul anilor au făcut atâtea eforturi pentru ca acum aceste locuri splendide să fie atât de accesibile.

Nerăbdători să ajungem la locul întâlnirii, deschidem ușa și suntem surprinși de atmosfera incendiară dinăuntru. Dintr-o dată, din liniștea muntelui în așa petrecere, parcă era de necrezut. Toți cei din bar erau adunați în cerc, dansând exuberant. Părea că e un dans în care cel din mijloc este imitat de cei care formează cercul. Încercăm să vedem cine este cel care imprimă ritmul, se vedea că e un dansator apreciat de cei din jurul lui, dar cum ringul de dans era plin ochi, era destul de greu să înaintăm. Dar un lucru era cert, toată lumea se distra nemaipomenit.

Când ne-am apropiat mai mult și am putut vedea în interiorul cercului, nu ne-a venit să credem: cel care dansa în mijlocul lui, nu era un dansator obișnuit...era chiar...Trust!

Ridicat în două picioare, trecea de la unul la altul, dând labele ca într-un dans binecunoscut de toți. Întreg barul jubila în atmosfera care se crease. Am rămas fără cuvinte, radiind de bucurie, surprindere și recunoștință.

Ne-am retras la masa prietenilor noștri fără să ne vadă Trust și l-am lăsat să se distreze în continuare.

Îl priveam bucuroși și parcă nevenindu-ne a crede ce zi am trăit. Trust adusese atâta bucurie pe pârtie, iar acum înveselea atâția oameni pe care îi vedea pentru prima dată.

Cum zicea cineva că „doar un câine poate merge la o petrecere, să nu vorbească cu nimeni, să șterpelească ceva de mâncare, să adoarmă sub masă și totuși să fie cel mai popular invitat."

Viața pur și simplu se întâmplă. Asta face! Dimineață când plecam la schi, habar nu aveam că vom trăi o zi cu adevărat fabuloasă.

Ieșind din zona de confort și de cunoscut,
avem șansa să ne cunoaștem.
Doar cunoscându-ne, ne putem trăi pe deplin.

Bucură-te întotdeauna când vezi
pe cineva drag, chiar dacă ultima dată l-ai
văzut acum câteva minute.
Nu știi niciodată când e ultima dată.

Trust și Arheologul

O întâmplare haioasă

Ne mutasem de curând într-o zonă a Bucureștiului frumoasă și liniștită la acea vreme, pe o stradă care se termina cu un lac. Încă descopeream vecinătățile, locurile potrivite pentru plimbarea cu Trust, cățeii și pisicile din vecini.

În ziua aceea ieșisem pe la prânz doar eu, Violeta, la o scurtă plimbare cu Trust, când ne salută prietenos un bărbat care părea că ne cunoaște. Îl mângâie pe Trust și vorbește foarte frumos cu el. Am presupus că este un vecin care probabil se mai întâlnise cu Trust când era cu

Cristi. Cu privirea spre Trust, îmi spune foarte mândru:

— Și eu am avut azi doi!

Pentru că se uita fix la Trust când a spus asta, am înțeles că se referea la doi câini. Faptul că vorbea la trecut despre ei, m-a îngrijorat imediat și temătoare că poate îi abandonase, am întrebat:

— Și…ce ai făcut cu ei?

— I-am îngropat!

— Dar…erau morți? întreb eu șocată de ceea ce tocmai auzisem.

— Morți?! Normal că erau morți! răspunde el contrariat de întrebarea mea.

Nu am avut curaj să întreb mai multe, de frică să nu aflu ceva și mai trist. L-am luat repede pe Trust, i-am urat o zi bună în continuare omului și am mers repede acasă.

Nu știam ce să cred, mă șocase de-a dreptul felul lui direct și fără regrete, în care a vorbit despre îngroparea a doi câini. Îmi părea într-un fel rău că nu l-am întrebat cum au murit și dacă fuseseră bătrâni sau bolnavi, dar în ace-lași timp mă bucuram că nu aflasem mai multe detalii triste despre ceva ce oricum se întâmplase deja și nu mai puteam face nimic. Dar mă intriga faptul că au fost îngropați amândoi deodată. Era oricum ceva foarte ciudat.

După câteva zile, ne-am întâlnit din nou cu el, de data aceasta eram cu Cristi. Ne salută bine dispus, deși părea obosit și avea hainele cam prăfuite, iar în mână avea o lopată.

Îi răspundem la salut, iar el continuă să ne spună foarte mândru:

— Și azi am avut unul. L-am rezolvat! Ne-am uitat contrariați unul la altul și dându-ne brusc seama de comicul situației, îl întrebăm:

— Dar tu lucrezi la cimitir?

— Da! Eu sunt arheologul.

— Arheologul?

— Da, adică groparul.

— Asta înseamnă că zilele trecute când am vorbit, nu era vorba despre câini?

— Vai de mine, ați crezut că am îngropat câini?! Eu nu aș putea să îngrop un câine, eu iubesc foarte mult câinii!

Era de-a dreptul hazlie discuția și situația, deși era despre un subiect atât de sobru.

A fost totodată o confirmare a faptului că

fiecare om vorbește despre propria lui realitate.

Trust, despre care nu știm exact ce înțelesese, în momentul în care noi am râs, a dat imediat din coadă, iar Arheologul a presupus că Trust se bucură pentru că-l vede pe el, așa că a devenit și mai bucuros. Și cum râsul și buna dispoziție sunt contagioase, s-au mai molipsit și câțiva trecători. Am plecat amuzați și binedispuși, pentru că nu poți fi mai puțin binedispus decât groparul.

❀ ❀ ❀ ❀

Am avut și alte interacțiuni cu Arheologul cât timp am locuit acolo, toate având în comun faptul că ne amuzam și ne minunam de-a binelea. Era întotdeauna bucuros și recunoscător pentru lucruri mici, lucruri pe care în general noi oamenii le considerăm neimportante și de a căror importanță ne dăm seama doar atunci când nu le mai avem. De multe ori, trăim cu iluzia că totul ni se cuvine.

Faptul că era atât de des în contact cu moartea,
îl făcea să aprecieze atât de mult Viața!

Trust Regele Elefant

Era o zi de iarnă geroasă și cum ninsese toată noaptea, strada noastră liniștită de obicei, acum era de-a dreptul încremenită, de parcă se transformase peste noapte într-un peisaj desprins dintr-un basm.

Trust, care tocmai se trezise, se uita îndelung pe geam uimit de atâta frumusețe. Parcă nu-i venea să creadă. Totul era alb-argintiu, pur și strălucitor.

Eram nerăbdători cu toții să ieșim, deși știam că plimbarea va fi mai scurtă pentru că era într-adevăr foarte frig. Adică era frig pentru noi, pentru Trust era perfect, pentru că el avea blană adevărată pe care noi nu o puteam egala oricât de gros ne-am fi îmbrăcat. În plus, oricât de mult iubeam noi zăpada nu o puteam iubi așa de mult cum o iubea el. Pentru că Trust chiar iubea zăpada așa cum doar un labrador o poate face. Sau poate un Saint-Bernard.

După o scurtă plimbare, ne-am îndreptat spre casă, dar Trust și-a arătat intenția de a mai rămâne în fața casei pentru că mai avea de verificat niște nămeți care apăruseră peste noapte și pe care acum îi descoperise. Era așa de bucuros să se joace în zăpadă că ar fi stat toată ziua, dacă nu i s-ar fi făcut foame. Ne aducea aminte de vremea copilăriei noastre, când ne jucam toată ziua în zăpadă, fără să ne fie frig sau măcar foame.

Nu vedeam nici un pericol să-l mai lăsăm afară nefiind nici țipenie de om, iar de mașini nici nu putea fi vorba pentru că era o zăpadă atât de mare, încât strada era complet blocată. Pe atunci, îl lăsam deseori singur afară în fața casei, unde el mai explora câteva minute în voie, după care venea la poartă și intra. Încercam să facem un echilibru între a-l ține în lesă și a-l lăsa liber atunci când consideram că e în siguranță, ca să simtă și el că trăiește pe deplin.

Iar dacă poarta era închisă lătra o dată. Avea un lătrat inconfundabil de bariton, pe care îl folosea foarte rar, doar atunci când chiar avea ceva important de transmis și nu avea la dispoziție alte metode de a se face înțeles, cum era și situația în care găsea poarta închisă.

Trust lătra întotdeauna o singură dată scurt și apoi aștepta să-i deschidem. Nu-l învățase nimeni asta, dar credem că nu voia să fie confundat cu poștașul. Pentru că, după cum se știe din cartea de succes sau din celebrul film, „Poștașul sună întotdeauna de două ori."

Era încântător să-l vezi cum așteaptă cu ochii lui mari și negri ațintiți asupra ușii de la intrare. Era atât de concentrat încât prin spatele lui ar fi putut trece fără să fie fugărită chiar și o pisică neagră.

De data aceasta însă, trece mai mult timp fără ca Trust să se întoarcă. Ne uităm de la geamuri în cele două direcții unde ar fi putut merge, nu-l vedem așa că ne îmbrăcăm din nou și ieșim după el. Nu apucăm să ieșim bine pe poartă și să-l strigăm, că îl vedem pe Arheolog, vesel ca de obicei și cu o privire poznașă.

— Îl căutați pe cățel? ne întreabă el din senin.

— Da! L-ai văzut?

— Da sigur! răspunde el cu mândrie.

— Încotro a luat-o? întrebăm noi.

— Haideți cu mine! ne invită el, șugubăț.

— E rănit? Unde e? întrebăm speriați.

— Nu e rănit, stați liniștiți! zice el bucuros traversând strada și făcându-ne semn cu mâna să-l urmăm.

Încercăm să ne ținem după el prin nămeți, când dintr-o dată dispare pe poarta micului cimitir de peste drum. După un moment de ezitare, intrăm și noi. Îl vedem că merge foarte hotărât spre una din laturi, noi după el. La un moment dat ajungem la o căsuță foarte mică, pe hornul căreia ieșea un fum negru. Am fost foarte surprinși amândoi, când am văzut căsuța locuită, pentru că nu știam că în cimitir *locuiesc* și oameni vii.

Arheologul deschide ușa și ne invită în căsuța lui. Din pragul ușii ne uităm suspicioși înăuntru, iar ceea ce vedem e ceva cu totul neașteptat: Trust stătea relaxat pe un cufăr turcoaz cu încuietori aurii, adus parcă din poveștile orientale. Sub el, cât și în jurul lui, erau perne de diverse mărimi și modele. Era acoperit cu ceva mătăsos și colorat ca un curcubeu. Părea imens cum stătea cocoțat pe acel cufăr de poveste, în micuța încăpere.

Arăta exact ca Regele Elefant îmbrăcat de paradă, iar cufărul de sub el era ca un tron. La cât de oriental arăta totul, ne așteptam ca fumul să fie de la bețișoare parfumate cu arome exotice, dar nu, fumul era de la o veche sobă din fontă. Când a reușit să ne vadă prin fum, Regele Elefant a început să dea din coadă tare bucuros. Era ca și cum parada a început, noi fiind primii participanți. Fața lui expresivă spunea:

Vedeți ce surpriză v-am făcut?!

Același lucru se putea citi și pe fața voioasă și plină de satisfacție a Arheologului, care transmitea că le-a ieșit pozna.

După ce ne-am liniștit că într-adevăr Trust nu pățise nimic, ba dimpotrivă fusese adus la rangul de Rege Elefant al primitorului palat din ținutul celor drepți, l-am întrebat pe buclucaș, cum îi venise această idee trăsnită.

Atât a așteptat și entuziast ca un copil ne-a spus:

— Azi am o zi liberă, pentru că pământul e înghețat bocnă, așa că am ieșit și eu la o plimbare prin zonă. În stradă m-am întâlnit cu Trust care părea și el înghețat, așa că l-am luat cu mine să se încălzească. M-a urmat imediat, cred că era curios să vadă unde locuiesc. L-am poftit înăuntru, chiar pe cufăr, că e mai cald sus și l-am acoperit cu o cuvertură pe care am primit-o cadou de la o doamnă și pe care o păstrez pentru zilele de sărbătoare. Dar ce sărbătoare mai bună decât vizita lui Trust? Trust e cel mai bun prieten al meu, dă din coadă de fiecare dată când mă vede, chiar și când ne întâlnim de mai multe ori pe zi. Mereu se bucură ca și cum nu ne-am văzut de nu știu când. Iar eu nu i-am dat niciodată nimic, nici măcar un os. Voiam să-i dăruiesc și eu ceva. Așa că l-am adus la cald, am mai băgat lemne pe foc și am vrut să stăm amândoi la gura sobei, dar m-am gândit că poate îl căutați și am venit să vă spun. Și chiar așa a fost, chiar îl căutați, vedeți ce bine că am venit să vă spun?

Ce să mai zici? Te poți supăra pe prietenul lui Trust, când intenția lui a fost să-l încălzească și să petreacă timp împreună? Nu poți, așa că în loc să te superi simți că vrei să te revanșezi. L-am chemat să-i dăm și noi ceva, dar el ne-a spus:

— Stați liniștiți, căci eu sunt cel câștigat, am avut cea mai bună companie!

Ne-a umplut inima de bucurie când ne-am dat seama că Trust a reușit să aducă atâta voie bună unui om singur care locuia într-un cimitir, într-o zi geroasă de iarnă în care nu vedeai țipenie de om pe drum. Ne-am adus aminte de expresia din limba engleză care în română s-ar traduce astfel: „uneori, o mână de ajutor poate veni chiar și sub forma unei lăbuțe."

Când am ajuns acasă l-am invitat pe Trust direct în cabina de duș și cu cele mai înmiresmate șampoane și geluri de duș, i-am scos fumul din blană.

După baia de zăpadă, baia de fum și baia de spumă parfumată, Regele Elefant a adormit adânc. Era ca după o ceremonie completă și pe deplin reușită sau ca să-l cităm pe prietenul lui Trust „a fost o zi tare bună!"

Uneori când te simți singur,
compania poate veni sub forma unui
prieten blănos.

„Cea mai bună zi"

Plantasem în fața casei, împreună cu un vecin, câțiva tineri stejari, cu speranța că atunci când vor crește, coroana lor bogată va oferi o umbră binevenită în zilele călduroase din București și va fi gazdă bună pentru păsărele. Cumpărasem unul în plus pentru a-l planta pe malul lacului unde ne plimbam des cu Trust, lângă o bancă care vara nu prea putea să fie folosită neavând deloc umbră.

Așa că într-o zi de sâmbătă când voiam să-l plantăm, ne-am gândit la prietenul lui Trust,

Arheologul, care pe lângă faptul că era întotdeauna binedispus și dornic să fie de ajutor, mai avea și lopată. A venit imediat și entuziast a săltat cu ușurință stejarul punându-l pe umăr, deși acesta avea lungimea dublă față de înălțimea lui. Când am ajuns la mașină, i-am spus că o să lăsăm bancheta din spate în jos, să punem stejarul în diagonală, iar portbagajul SUV-ului va rămâne deschis.

— Păi și Trust unde mai încape? ne întreabă el mirat.

— Trust ne va aștepta acasă, răspundem noi.

— A nu, în nici un caz. Trust va sta pe banchetă cu mine, iar copacul îl voi ține eu pe geam!

— Cum pe geam? E greu!

— Greu un stejar?!

Văzându-l foarte hotărât și încrezător, *am mers pe mâna lui*. S-a urcat în mașină pe bancheta din spate, și-a scos brațul pe geam, iar noi i-am dat să prindă de la mijloc trunchiul tânărului copac.

Trust intrigat de ce se întâmplă, a urcat imediat în mașină, cățărându-se repede peste el ca și cum să-l ajute să-și păstreze echilibrul. Ne uitam în oglinzile laterale și ce vedeam era parcă dintr-o piesă de teatru: pe partea dreaptă a mașinii, atârna un braț care ținea copacul, iar deasupra lui se vedea fața veselă a Arheologului; pe geamul de pe partea stângă ieșea un cap mare și auriu de labrador, cu urechile duse de vânt în spate, cu ochii mari și curioși de destinația noastră și cu limba roz atârnându-i în încercarea de a se răcori, că pe lângă faptul că era o zi călduroasă, se mai și agitase în jurul nostru să nu fie lăsat cumva pe dinafară din această aventură.

Am ajuns imediat la locul faptei și până să ne dăm seama, Arheologul nostru experimentat, făcuse deja groapa, cu ajutorul bineînțeles a lui Trust, care deși nu se pricepea la săpat, vrând să fie solidar și de ajutor, dădea și el la o parte pământul săpat, cu labele lui mari. Totul s-a întâmplat atât de rapid, încât până s-a dumirit stejarul ce se întâmplă, rădăcinile lui se bucurau deja de hrana pământului proaspăt udat. Acum stejarul avea un loc al lui, în care putea să prindă rădăcini trainice și să se oglindească în apa clară a lacului.

Noi am udat stejarul câteva săptămâni, însă Trust și-a luat foarte în serios aceasta activitate și l-a *udat* ori de câte ori treceam pe acolo, mulți ani la rând. Se oprea la el, îl mirosea curios, îl marca de fiecare dată și cu siguranță își amintea de minunata experiență a plantării lui.

Pe drumul de întoarcere, fața Arheologului radia de fericire iar el ne-a dezvăluit că azi e **cea mai bună zi**. Ne-am uitat unul la altul și ne întrebam din priviri dacă chiar vorbește serios, că totuși îl rugasem să ne ajute să plantăm un copac, nu îl chemasem la ceva petrecere. Parcă ne-a simțit nedumerirea și ne-a lămurit:

— Azi de dimineață am fost la piață și am cumpărat zarzavaturi, iar vecina de la casa de lângă dumneavoastră îmi face acum o supă bună din ele. Apoi mi-am rezolvat treaba pe ziua de azi și m-am bucurat că m-ați chemat; m-ați plimbat cu mașina, am plantat un stejar și în plus m-ați și cinstit, iar cireașa de pe tort e că am petrecut atâta timp cu Trust care m-a și pupat! Ce pot să-mi doresc mai mult de atât?!

Am înțeles că vorbea foarte serios, iar felul sincer în care ne-a împărtășit bucuriile lui ne-a fost ca o reamintire că viața e făcută din lucruri simple, pe care atât de des le ignorăm.

Aceste lucruri așa zis mărunte sunt de fapt atât de importante. Când le vedem cu ochi proaspeți și le facem cu toată dăruirea, trăim o viață în care ne simțim împliniți.

Putem la orice vârstă să reîncepem
să vedem extraordinarul
în viața de zi cu zi.

Iubirea dintre labradori și mare,
este o iubire eternă.

Aventurile lui Trust
la malul mării

Trust și marea

Strategia preferată a lui Trust când eram la mare, era să pună o minge la picioarele oamenilor care stăteau pe malul mării. Îi privea direct în ochi dând din coadă, iar când prindea privirea cuiva, o ducea spre minge. Puțini erau cei care îi rezistau și se abțineau să-i arunce mingea și să intre în jocul lui. Aproape de fiecare dată își găsea un partener de joc. Iar partenerul lui de joc devenea în scurt timp prietenul lui, pentru că Trust era prietenos și de încredere.

La el totul era simplu, se juca până când obosea sau i se făcea foame, iar jocul se termina prin faptul că Trust pleca cu mingea în gură spre casă, lăsându-și partenerul de joc zâmbind, vesel și fascinat că s-a jucat cu un câine atât de mare, câine pe care nici măcar nu-l cunoștea dar în prezența căruia s-a simțit așa de în siguranță. Este o experiență absolut minunată să te joci cu un labrador pe plajă. Și pentru că era atât de blând și de încredere, **foarte mulți oameni jucându-se cu Trust, au scăpat de frica de câini.** Trust juca întotdeauna foarte corect, după reguli stricte, reguli pe care el singur le crease. Nu se abătea niciodată de la aceste reguli. Dacă îți lăsa mingea la picioare, însemna că era tura ta de joc și el aștepta până când tu aruncai. Avea și un fel al lui de a da din cap, de sus în jos, prin care comunica că el este pregătit, poți arunca.

Când mingea era aruncată în mare, înota și o aducea înapoi pe țărm. Niciodată nu preda mingea în apă, doar pe nisip. Trebuia să aștepți până când el o lasă jos, nu să încerci să o scoți din gura lui, oricum n-ai fi reușit. Lăsa mingea la picioarele celui ales de el pentru următoarea aruncare. Uneori alegea pe altcineva, din motive știute doar de el, iar cel cu care se jucase rămânea în afara jocului pentru acea rundă, adică stătea și privea de pe tușă. Știa într-un fel cine are nevoie de puțină revigorare. Era senzațional. Oamenii se amuzau și se minunau de tenacitatea lui.

Puteai avea totală încredere că niciodată nu o să sară la mingea din mâna ta. Aștepta atent și alerga doar după ce mingea era aruncată. Și pentru că respecta strict regulile, era de toată încrederea. Își merita pe deplin numele Trust, adică Încredere.

De multe ori seara, când ieșeam cu Trust la plimbare pe malul mării, auzeam oameni entuziasmați spunând: „el este labradorul cu care ne-am jucat azi." Am auzit asta de foarte multe ori. Iar unii, mai îndrăzneți veneau la noi, îl mângâiau pe cap și ne întrebau cum îl cheamă și dacă mai vine și mâine pe plajă. Era atracția și bucuria plajelor oriunde mergeam. Una din cele mai amuzante întrebări era:

— Cum l-ați învățat să înoate?

— Nu l-am dezvățat! răspundeam noi spre surprinderea celor care întrebaseră.

În orice țară eram, Trust își găsea întotdeauna prieteni de bălăceală, indiferent de naționalitate și de limba vorbită. Înțelegea dincolo de limitele limbii, pentru că el folosea un limbaj simplu, pe care putea să-l înțeleagă oricine și anume **limbajul universal al iubirii.**

Și pentru că era imposibil să reziști invitației de a fi bucuros, întâlnirile cu Trust erau întotdeauna niște experiențe autentice, iar experiențele autentice rămân cu noi pentru totdeauna. Cu Trust se crea repede o legătură specială. Eram foarte obișnuiți ca lumea să ne întrebe prima dată de el și apoi de noi.

Au fost oameni care s-au atașat atât de mult de el încât, an de an veneau din celălalt capăt al stațiunii să-l vadă pe Trust și să petreacă câteva ore cu el. Ne spuneau unii părinți că și-au întrebat copiii în ce stațiune vor anul acesta la mare, iar ei au răspuns indignați: „cum adică unde? La Trust!." Pentru ei era ca și cum marea și Trust sunt un întreg, nu puteau fi separați. Copiii sperau că Trust va fi toată vara la mare, pentru că Trust iubește marea. Iar noi pentru că iubeam și marea și pe Trust, ne mutam vara cu munca la mare. Iar iubirea era reciprocă, nu doar Trust iubea marea, ci și marea îl iubea pe Trust, pentru că el se juca cel mai mult cu ea. Și de aceea marea îl chema la ea an de an, iar noi nu puteam rezista chemării ei...

Între Trust și mare, a fost dragoste la prima vedere. Trust-puiuț, când a ajuns pentru prima dată pe malul mării și a simțit nisipul fin sub lăbuțe, a fost atât de bucuros încât a luat-o la fugă, parcă încercând să-i găsească un capăt, să o cuprindă toată cu lăbuțele lui. S-a oprit abia după câțiva kilometri, obosit și fericit.

Fața lui expresivă parcă spunea: *ce bine că te-am găsit, vreau să fim împreună toată viața.* Și așa a fost, pentru că iubirea dintre labradori și mare este o iubire eternă.

Dacă era extrasezon și nu găsea cu cine să se joace, Trust se juca cu valurile mării. Știa că dacă lasă mingea din gură, marea i-o va fura, dar el o va recupera la următorul val. Era atât de frumos să-l privești cu câtă răbdare aștepta mingea și cât de bine știa care era momentul să o apuce. Și apoi îi dădea din nou drumul și aștepta. Era tot jocul lui preferat doar că atunci când îl juca doar el cu marea, jocul era inversat: marea devenea retrieverul lui Trust. Iar când marea devenea agitată, pentru că marea nu e întotdeauna liniștită și previzibilă cum era Trust, atunci sărea el și înota să-și recupereze mingea și reușea, pentru că el era un retriever tot timpul, spre deosebire de mare, care devenea retriever doar uneori, când se juca cu Trust.

Peste noapte, când plaja era pustie și marea se simțea singură, i se făcea dor de Trust. Ca să-l ademenească, marea aducea o minge pe care o *furase* peste zi și o punea pe țărm. Știa că Trust va fi primul ei musafir, după pescăruși, dar pescărușii nu veneau niciodată după mingi, pe ei marea îi aștepta cu scoici.

Dacă vrei să ai prieteni adevărați,
fii tu un prieten bun, cu tine și cu ceilalți.

Trust îndrăgostit

Era o seară frumoasă de vară, ieșisem cu Trust la plimbare pe malul mării, dar fascinați de frumusețea cerului reflectată în apa caldă a mării și relaxați de mirosul inconfundabil al brizei, la un moment dat ne-am dat seama că plimbăm câinele fără câine. Adică Trust nu ne mai însoțea. Fiind într-un loc binecunoscut de el, îl lăsam de obicei liber, iar el se plimba în jurul nostru adulmecând curios ce mai e nou sau interesant.

L-am strigat, l-am căutat dar Trust nicăieri. Ne-au văzut câțiva prieteni căutându-l și ni s-au alăturat imediat. L-am strigat cu toții, l-am fluierat, dar nimic. Nici urmă de labrador. Am mers să-l căutăm și mai departe deși nu avea obiceiul să plece de lângă noi decât dacă chiar avea un motiv important, pentru că da, labradorii au uneori *misiuni* importante. Iar când avea vreo misiune, era de neoprit.

Așa am înțeles noi că Trust se plimbă în lesă doar de dragul nostru, și că dacă vrea să fugă, fuge cu tot cu lesă. La cât de mult înota toată vara, era foarte puternic.

Dar să revenim la seara de vară în care o întreagă ceată de oameni îl căutam, fără nici un rezultat. Chiar dacă în acele momente de îngrijorare nu puteam vedea asta, situația avea și o parte frumoasă și anume faptul că se adunau imediat atât de mulți oameni, uniți de dragul lui Trust și motivați de dorința comună de a-l găsi.

Se făcuse deja târziu, eram toți epuizați așa că am oprit căutarea și ne-am retras cu speranța că se va întoarce el singur când își va termina *misiunea* pentru care plecase de lângă noi.

Și mai speram că ne va suna cineva văzându-i numărul de telefon de pe zgardă. Așa făceam și noi când întâlneam câini singuri cu zgardă la gât. Era varianta modernă de Radio Vacanța, unde pe vremuri se anunța ce copii au fost găsiți pe plajă, pentru a putea fi recuperați.

De oboseală, cred că tocmai ațipisem când a sunat deodată telefonul. A fost cea mai bucuroasă trezire și cea mai bună veste să știm că Trust este bine. Ne-a sunat băiatul de la firma de pază, care atunci când auzise că nu-l găsim pe Trust, a dat de știre prin stație tuturor agenților de pază din zonă. Îl anunțase colegul lui din celălalt capăt al stațiunii, că tocmai a văzut un labrador auriu cu un medalion mov la gât, însoțit de o tânără domnișoară cățelușă, la restauratul grecesc care tocmai se deschisese.

Se pare că Trust invitase *fata* la o cină târzie. Sau, cine știe poate ea îl invitase pe el. Nu puteam să ne supărăm pentru că știam cât de mult iubește Trust mâncarea grecească. Cui nu-i place?

A sunat așa romantic să auzim că tânărul nostru aventurier a scos *fata* la restaurant. Clar că era tare îndrăgostit de ea, altfel gurmandul de el nu ar fi împărțit mâncarea. Mai ales că era grecească.

De bucurie, am uitat pe loc de sperietura pe care o trăsesem și am mers imediat să-l recuperăm pe cavaler. Și așa am aflat și noi că s-a deschis în apropierea noastră un restaurant grecesc, iar asta ne-a bucurat. În seara următoare ne-am luat revanșa, lăsându-l pe el acasă să ne aștepte și am ieșit noi la o cină romantică la restaurantul recomandat de Trust și a lui iubire de o vară.

Rămâi tu,
indiferent cum te vor alții.

Domnul Trust

După câteva săptămâni de la cina romantică de la restaurantul grecesc, eram în același loc la mare, unde Trust se bucura zilnic de partide strașnice de înot. Se ducea după mingea aruncată cât mai departe în mare, o prindea și înota cu ea în gură direct spre mal, unde o returna cu bucurie celui care o aruncase. Aducerea mingilor înapoi era activitatea lui principală, pentru că Trust e un retriever care întotdeauna înapoiază ceea ce primește.

Chiar și iubirea, dar mai puțin mâncarea! Mâncarea o păstrează la loc cald și sigur. Se zice că îndrăgesc atât de mult mâncarea și vor să aibă mare grijă de ea, încât o depozitează ca într-un seif, în burtica lor.

Deci Trust era în mare formă: înota mult, mânca bine, dormea pe săturate, se juca cât poftea. Ce mai, avea o viața tare bună și tihnită. Dar într-o zi, chemarea dragostei și-a spus cuvântul și tihna s-a transformat într-o alergare de neoprit.

Cățelușa pe care o scosese la restaurantul grecesc la început de sezon, intrase acum în călduri. Trust s-a transformat deodată într-un mascul în toată regula, și nu orice mascul, ci unul foarte determinat.

A urmat în acea zi caniculară, cea mai strașnică alergare prin toată stațiunea, pentru că se adunaseră și alți pretendenți la cățelușă. De la mare la lac, de la lac înapoi spre mare traversând șoseaua, ceea ce era un adevărat pericol. Toate încercările de a-l prinde au fost în zadar. Competiția era acerbă, iar *Cupa* era prea importantă ca Trust să se lase. Alți șase câini, unii cu zgardă alții fără, printre care și un Husky care îl mârâia pe Trust de fiecare dată când se întâlneau, o urmăreau pe cățelușă, sperând fiecare că el va fi norocosul câștigător.

Un prieten de-al nostru, un ardelean dintr-o bucată, bine făcut și pe deasupra *fan Metallica pentru totdeauna*, se oferă să ne ajute să-l prindem pe Trust. Cu așa companie serioasă, pornim foarte încrezători că-l vom prinde repede. Optimismul nostru era la cote înalte, dar ce nu anticipasem atunci, era că forța care-l conducea pe Trust pe urmele cățelușei, era **cea mai mare forță din univers, forța dragostei.**

Văzând că s-au adunat șapte pețitori în urma ei, cățelușa fugea de mânca pământul. După aproape o oră de alergări, întrerupte de scurte opriri, în care îl văzusem pe Trust că încerca să facă cu cățelușa ce nu mai făcuse niciodată până atunci, au ajuns pe o fâșie de pământ care se termina în lac. Nu aveau pe unde să mai fugă, trebuiau să facă cale întoarsă, iar asta era șansa noastră.

Ne-am așezat la distanță egală unul de altul ca să acoperim cât mai bine singurul loc prin care se puteau întoarce. Ei se opriseră și ne priveau. Era momentul confruntării.

Cățelușa se uită care dintre noi e veriga slabă și o zbughește în mare viteză chiar printre noi. Imediat Trust se apropie și el în viteză iar atunci prietenul nostru plonjează spectaculos pentru a-l prinde. Hotărârea cu care a plonjat rockerul nostru ardelean era debordantă. Nu avea cum să-i scape. Plonjonul lui ne-a amintit de Duckadam din acea noapte memorabilă când a fost numit „eroul de la Sevilla." Și totuși...ca prin minune, Trust reușește să-i scape printre degete și...„goool!". Nu ne venea să credem. Trust a reușit să treacă mai departe. Dar oricum, plonjonul a fost incredibil!

Nu aveam însă timp să-l savurăm, căci jucătorii noștri erau din nou pe *teren* alergând super rapid înspre șosea. În goană am traversat și noi încercând prin semne să oprim mașinile care treceau.

Ca prin minune, nici unul dintre cei opt câini nu a fost atins de vreo mașină, deși șoseaua era foarte aglomerată fiind în plin sezon.

Am răsuflat ușurați când am văzut că au traversat toți cu bine și se îndreaptă spre mare. Eram deja la capătul puterilor după o oră de alergat continuu în arșița verii. Prindeau avans față de noi, iar la un moment dat nu i-am mai putut zări.

Când am ajuns la mare ei nu se vedeau nicăieri. Ne-am întors pe alt drum și încercam să le adulmecăm urma. Deodată ne-am oprit brusc și parcă nu ne venea să credem scena pe care o vedeam în fața ochilor: în grădina celui mai renumit restaurant din apropiere, avea loc prima poveste de dragoste a lui Trust! Și nu oricum, ci cu spectatori: cei șase câini masculi care își recunoscuseră înfrângerea în fața lui. Adică acum, devenise *domnul* Trust.

Atunci am înțeles de ce nu reușisem să-l prindem: trebuia să aibă loc această experiență. Trebuia să câștige *cupa iubirii.*

Deci *fata* nu uitase că Trust a tot curtat-o, a plimbat-o prin toată stațiunea, își petrecuseră împreună atâtea seri la malul mării, a dus-o la cel mai bun restaurant grecesc, așa că până la urmă i-a oferit dragostea ei.

Ea nu de el fugea,
ne-a zis Trust, ci de ceilalți!

Peste câteva luni de la această întâmplare, am primit și noi un puiuț de la doamna care avea grijă de cățelușă, — că așa se obișnuiește — masculul primește un puiuț, ceilalți rămân la cățelușă.

L-am numit Junior și l-am dat spre adopție unui om căruia îi murise de curând și soția și câinele.

Junior are ochii blânzi ca și ai lui Trust, culoarea asemănătoare, dar este mai mic ca și talie. Are un caracter frumos, este liniștit, curios și iubitor. Deși nu i-am făcut vreodată testul de paternitate, îl iubim ca și cum sigur este puiul lui Trust.

Și cum viața nu contenește să ne surprindă, în primele poze primite de la noul lui companion, Junior are la gât un fular de la o echipă renumită de fotbal, iar domnul ne scrie fericit că se uită împreună la meciuri și fac cea mai tare galerie.

Viața are calea ei surprinzătoare,
iar dragostea știe întotdeauna calea!

În lucrurile așa zis mărunte,
stă ascunsă o viață cu adevărat bună.

Trust
băiat de oraș

Trust artist

Trust dădea aproape zilnic câte o re-
prezentație de exprimare a bucuriei, când de-
venea maxim de haios. Era imposibil să nu ne
oprim din ce făceam și să-l privim, mai ales că
știam că durează doar câteva minute. Ar fi fost
mare păcat să ratăm o porție bună de râs.

Cu cât ne amuzam noi mai tare, cu atât
spectacolul lui devenea mai intens și mai nos-
tim. Făcea fel de fel de acrobații, pe care nu te
aștepți să le vezi la un câine așa de mare cum

era el, plus că nu era tocmai slăbuț. Și le făcea ritmat și cu o viteză uluitoare. Uneori în viteză mai prindea în gură și câte o jucărie sau vreun obiect iar acestea deveneau recuzita lui pentru acel spectacol.

Văzând că reprezentația lui este apreciată, ne oferea și un bis. Și labradorii, ca și oamenii, se bucură când se simt apreciați.

Faptul că ne vedea fericiți și că-i spuneam *bravo Trust*, avea un impact foarte mare asupra lui. Se bucura chiar mai mult decât atunci când îl răsplăteam cu o recompensă, deși labradorii sunt recunoscuți ca mari gurmanzi.

Reprezentațiile lui erau diferite de fiecare dată — la fel ca și **viața care este mereu nouă, nu se repetă niciodată** — dar aveau în comun faptul că de fiecare dată se întâmplau spontan.

Nu era niciodată anunțată ora sau locul reprezentației și fiecare reprezentație începea doar dacă avea cel puțin un spectator. Nu se juca niciodată cu sala goală.

Se pare că Trust era total de acord cu Einstein în ceea ce privește felul în care îți poți trăi viața, pentru că trăia ca și cum totul era un miracol.

„Există două feluri de a-ți trăi viața.
Unul este să crezi că nu există miracole.
Altul este să crezi că totul este un miracol."

~ Albert Einstein

Adevărul este că Trust putea să stârnească hohote de râs chiar și când dormea. Luam cina împreună cu mai mulți prieteni, într-o seară de vară la o terasă. Masă lungă, Cristi în capul mesei, atmosferă relaxată, când deodată vedem un băiețel fugind spre noi și strigând în gura mare: „tati! tati!"

Ne uităm în spate dar nu mai era nimeni altcineva. Așteptăm curioși să vedem pe cine strigă băiețelul *tati*.

Copilul se îndreaptă hotărât spre Cristi, care se uită surprins. Toate privirile se întorc întrebătoare spre Cristi apoi și mai întrebătoare, spre mine. Copilul se apropiase deja de Cristi, cu brațele deschise, părea că-l cunoaște foarte bine!!

Noi și mai surprinși, așteptăm reacția lui Cristi, care nu apucă sa facă nici un gest pentru că copilul se apleacă și intră sub scaunul lui...

unde dormea Trust!

Am realizat atunci că el striga de fapt Trusty — alintul de la Trust, care se pronunță Trasti — dar fiind foarte mic, nu pronunța încă *r* și *s*, așa că în loc de *Trasti* se auzea ...*Tati*.

Ne-am liniștit cu toții mai ales că între timp a apărut și adevăratul „tati". Era un colaborator de-al nostru și de aceea copilul îl cunoștea pe Trust, dar pentru noi era prima dată când întâlneam copilul.

Trust abia trezit, se uita buimac la noi și nu înțelegea de ce ne uităm cu toții la el și râdem cu poftă. Era obișnuit ca lumea să râdă când făcea el spectacol, dar nu și așa din senin. S-a culcat la loc după ce a plecat băiețelul, neștiind ce a stârnit în jurul lui.

E bine să nu ne grăbim să facem presupuneri, unele lucruri nu sunt ceea ce par a fi.

Trust cel plimbăreț

Una dintre binecuvântările ascunse ale vieții alături de un companion blănos este necesitatea de a ieși la plimbare zilnic, în toate anotimpurile. Atunci când vremea e frumoasă, plimbarea e o încântare. Dar ce facem când vremea e crâncenă? Atunci devine foarte provocator. Nefiind pe placul nostru ne opunem la ce ar trebui să facem și încercăm să fentăm viața.

La un moment dat, chiar aveam o vecină care iarna cobora până la ușa de la intrarea în clădire, o deschidea puțin, doar atât cât să iasă foxterierul ei, în timp ce ea rămânea înăuntru ținând de lesa retractabilă. Era un fel de plimbare *teleghidată*, prin cablu la vremea aceea, pentru că nu apăruse încă varianta fără fir. Credem că foxterierul era convins că iarna, de la frig pământul se contractă atât de tare încât ajunge să aibă doar zece metri pătrați. Nimic mai mult!

Dar ce nu știa tânăra noastră vecină e că tocmai în depășirea zonei de confort, stă ascunsă o binecuvântare. Abia când reușim să trecem de obișnuința noastră de a ne opune la tot ce este nou cât și de dorința de a sta doar la căldurică, începem să simțim că trăim cu adevărat și ne bucurăm pe deplin de ceea ce ne oferă viața, chiar și atunci când condițiile par neprielnice.

Faptul că reușim să înfruntăm orice vreme ne face mai puternici, ne călește. De-a lungul anilor petrecuți alături de Trust am observat un lucru foarte interesant: imunitatea noastră a crescut considerabil și nu am mai răcit aproape deloc.

Dar într-adevăr, uneori când e o zi cu o vreme extrem de friguroasă și pătrunzătoare nu prea îți vine să te plimbi. Pentru Trust însă, cu blana lui deasă de labrador, nu există conceptul de o zi rece, pentru el fiecare zi e o zi numai bună să te plimbi.

Așa că atunci când se cerea afară, ne spuneam cu optimism, hai că-l scoatem numai puțin cât are nevoie și imediat îl vom momi cu o recompensă să ne întoarcem. Dar așa cum planul de acasă nu se potrivește niciodată cu cel din târg, la fel și încercarea de a-l păcăli pe Trust e sortită eșecului. Când se vede afară, simțurile i se trezesc și vrea să tot adulmece. Noi, zgribuliți, încercăm să-l aducem înapoi, dar el știe că de abia a ieșit. Vrem să-l ademenim, dar se prinde imediat și nu pune botul la momeala noastră. Nu ține cont de planul nostru. Ne amăgim atunci, că îl mai plimbăm puțin, doar până la primul colț și după, o să vrea și el să ne întoarcem că uite ce pătrunzătoare e vremea și nu e nici țipenie de câine afară.

Dar pentru el e o lume plină de mirosuri și fiecare miros îi transmite câteva mesaje noi și importante. Uneori aceste mesaje pot fi și urgente. E așa de concentrat și sârguincios în descifrarea proaspetelor informații, încât devenim și noi curioși. Fiecare zonă la care se oprește să o adulmece, e ca un email. Citirea cu voce tare a emailurilor într-o dimineață, probabil ar fi sunat cam așa: *hmm...așadar iar a fost un cățel care nu e din districtul ăsta. Aha...și a mai apărut și o cățelușă nouă în zonă; ia să văd cine a mai fost noaptea trecută pe aici? Da da, încă un necunoscut...iar în rest prietenii mei de joacă.... dar oare unde sunt ei acum? Cum, am întârziat așa de mult încât am ratat întâlnirea de dimineață? Ce ți-e și cu oamenii ăstia, se sperie de puțin frig, abia îi scoți la înviorare!*

După fiecare oprire de-a lui, sperăm că acum chiar e ultima, că poate a obosit să descifreze atâtea mesaje sau poate chiar și-a terminat cercetarea. Dar pentru că gerul estompase mirosurile, explorarea se tot prelungea. Când credem că gata, i-a ajuns plimbarea, începem să o luăm spre casă. Nu și el. Se trage îndărăt și ne privește spunându-ne fără cuvinte: *hei, ați uitat traseul?! Nu știți că trebuie să întâlnim măcar un cățel, că e importantă socializarea chiar și iarna?!*

Nu putem să-i rezistăm și deși avem mâinile, picioarele și fețele înghețate, continuăm să mergem cu el, în pofida umezelii pătrunzătoare, deși mintea noastră începe să viseze la un loc mai călduros și însorit. Dar deodată, ca și cum să ne trezească din visare, Trust dispare de lângă noi. Ne uităm după el, însă prin ceața deasă de la lac nu-l vedem. Îl strigăm, dar nimic. Nu ne-am speriat, pentru că fiind pe malul lacului nu circulau mașini și în plus era o zonă familiară lui Trust. După câteva minute, sună telefonul, un număr necunoscut. Surpriză!

Eram invitați de doamna care locuia în vila de lângă lac, să ne alăturăm lui Trust în livingul ei și să bem o cafea fierbinte împreună.

Ne știa, pentru că ne vedea aproape zilnic trecând cu Trust prin fața casei ei. Iar acum când ea intra pe poartă cu bichonul, Trust li s-a alăturat vrând să se joace cu micuțul cățel. Dar pentru că bichonului nu-i plăcea frigul, au intrat repede în casă.

A luat numărul de telefon de pe medalionul lui Trust și ne-a sunat. Era bucuroasă că bichonul se juca cu Trust, pentru că zicea ea, cățelul ei nu era foarte jucăuș de obicei. Ne-am bucurat să știm că Trust a scos la iveală dorința de joacă din micuța ființă albă și fragilă. Din nou Trust arăta ca Gulliver în țara piticilor.

Am râs cu toții de felul în care Trust, *mirosind* intenția noastră de a-l duce repede acasă, a reușit să ne fenteze, lăsându-ne pe noi afară în frig, în timp ce el se juca înăuntru la căldură.

A fost foarte frumos să vedem încă o dată cum datorită lui Trust am cunoscut oameni minunați, oameni cu care împărtășim aceleași valori și cu care am legat prietenii adevărate.

Fiecare zi devine o zi bună
să ieși în natură când ai
un prieten blănos.

Trust iubește mingile de tenis

Una din activitățile preferate ale lui Trust când locuiam în apropierea unor terenuri de tenis, era să mergem să *culegem* o minge. Și mergeam aproape ca și cum aveam abonament. Zilnic, gratuit. Ieșeam din curte și chiar dacă ne propusesem o altă zonă de explorat în acea zi și porneam în direcția opusă, făceam câteva ocoluri și tot la terenurile de tenis ajungeam.

Între timp pierdea mingea cu care ieșise din casă — că Trust nu ieșea fără minge din casă și nici nu se întorcea acasă cu gura goală — așa că întotdeauna trebuia să căutăm până găseam o minge. Și poți găsi întotdeauna, dacă **crezi că există și cauți suficient și unde trebuie.** Iar atunci când cauți o minge pe lângă terenurile de tenis, sunt șanse mari să o găsești. Mai ales dacă ai nas de labrador, care le miroase de la distanță, ca pe niște trufe. Își băga nasul negru pe sub vegetație și le scotea de unde nu te așteptai, din locuri în care nimeni altcineva nu le-ar mai fi putut găsi.

Trust găsea câte o minge de tenis aproape în fiecare zi, iar uneori se întâmpla chiar de două ori pe zi. Le iubea nespus. Le lua în gură ca pe ceva prețios și bine meritat și dând vesel din coadă se îndrepta spre casă ca un învingător. Bucuria lui la vederea unei mingi de tenis era imensă. Și asta, de fiecare dată și la fiecare minge!

Recordul de mingi găsite de Trust a fost când noi eram la New York, iar el a rămas acasă cu Buni. A fost singura dată când Trust a stat fără noi mai mult de două săptămâni. După prima

săptămână a început să ne aștepte la poartă, așa
că *Buni* l-a scos mai des la plimbare, să mai uite
de noi. Când ne-am întors, a simțit taxiul de
când a intrat pe strada noastră și a mers imedi-
at la ușă. Bucuria revederii nu se poate pune în
cuvinte.

Ne-a luat fularele de la gât și a fugit cu
ele, ca și cum fără fulare nu mai puteam pleca.

Eram nerăbdători să le oferim suveniru-
rile aduse, iar ei erau dornici să ne arate noua
lor colecție de mingi de tenis: un coș plin ochi.
Erau peste treizeci de mingi! Bine că ne-am
întors la timp, că rămânea clubul de tenis fără
mingi.

Rând pe rând, mingile au fost eliberate
din înghesuiala coșului și repuse în libertate.

❀ ❀ ❀ ❀

Când eram în zone în care nu *cresc* mingi
de tenis, trofeul era fie o sticlă de plastic ce
fusese aruncată aiurea (care după aceea ajungea
la reciclare), fie o piatră mare sau o bucată

111

zdravănă de lemn. Acestea erau *trofee* pe care nu le păstram la expoziție, scăpam de ele pe furiș imediat ce el adormea, pentru că după atâta alergătură și concentrare, îl fura repede somnul.

Uneori Trust își pierdea mingea când dădea de mirosuri interesante. Știind asta, luam de acasă o minge în buzunar, minge pe care atunci când voiam să ne întoarcem și Trust încă nu-și găsise alta, o plasam discret astfel încât el să o găsească. Scurtam în felul acesta căutarea și plimbarea și evitam și aducerea unui nou *trofeu* în casă.

Era foarte fericit să caute și să găsească mingi în locuri ascunse de privirile trecătorilor grăbiți, dar ceea ce-i plăcea lui cel mai mult era să se joace cu cineva cu mingea, să alerge să o prindă și s-o returneze celui care i-a aruncat-o, pentru că era labrador retriever, iar retrieverii asta fac, returnează tot ce primesc. Și o fac cu cea mai mare dăruire și cu multă, multă bucurie. Dacă cineva vrea să se joace cu el, labradorul este întotdeauna pregătit și nu refuză niciodată pe nimeni.

Bucuria lui Trust la găsirea unei mingi, era

puțin mai mare decât a câștigătorului unui important trofeu de tenis.

Probabil că în lunga istorie a turneelor de tenis, labradorii au jucat rol de *copii de mingi*, că altfel de unde atâta pricepere și pasiune de a aduna și a înapoia mingiile de tenis?

Parcă îi și vedeam pe strămoșii aristocrați ai lui Trust, labradorii retrieveri englezi, alergând cu entuziasm să găsească și să înapoieze mingile jucătorilor pe iarba impecabilă de la Wimbledon, la inaugurarea prestigiosului turneu de tenis din 1877.

Când iubești ceea ce faci,
trăiești împlinit.

În marea țesătură a vieții,
totul este interconectat și interdependent.

Un Crăciun cu peripeții

Era după-amiază în Ajunul Crăciunului, iar noi tocmai ajunsesem în Constanța. Eram așteptați la masă la niște prieteni dragi, urmând ca seara să o petrecem cu mama lui Cristi.

Ne-am oprit direct la ei, am parcat mașina lângă grădina blocului, iar Trust bucuros a coborât imediat și a început să cerceteze zona pentru a afla unde am ajuns. A schimbat câteva priviri cu un pechinez aflat acolo iar apoi au început să dea din coadă amândoi, bucuroși de întâlnirea neașteptată. Prietenii noștri, ieșiți pe balcon să ne întâmpine l-au strigat pe Trust, iar el le-a răspuns dând din coada lui mare și veselă. Ne-am gândit că-i va fi bine să stea mai întâi în grădină, ținând cont că stătuse trei ore în mașină, așa că l-am lăsat cu noul lui prieten care se vedea că este localnic, iar noi am urcat. De la geam, îl urmăream cum explora curios grădina blocului, iar din când în când se uita în sus spre balconul unde știa că suntem noi și de unde mai ateriza câte ceva bun pentru el, că era totuși Ajunul Crăciunului.

Era un joc care îi plăcea atât lui Trust cât și pechinezului. Aruncam câte ceva iar ei căutau *prada* și o devorau cu poftă. Era ca și cum ei vânau. Și în felul acesta ne-am bucurat și noi și Trust de bucatele alese, pregătite cu drag pentru noi.

Chiar înainte să ne îmbrăcăm și să coborâm l-am mai verificat o dată pe Trust. Era tot acolo, ne aștepta. Când ajungem în fața blocului, ia-l pe Trust de unde nu-i. Ne-am zis că e prin partea cealaltă a grădinii și am început să-l strigăm, dar Trust nu dădea nici un semn. Am tot strigat și strigat, au coborât imediat și prietenii noștri să-l căutăm împreună. Am început să înconjurăm blocul, după care am făcut cercuri mai mari. Nimic, nici urmă de el.

La un moment dat, o vecină care auzise strigătele noastre, a ieșit la geam. Stătea la parterul blocului din apropiere și văzuse tot. Ne-a spus că în urmă cu câteva minute văzuse un băiat *care trăgea de un câine legat cu o sfoară*. Din descrierea ei, reieșea clar că era Trust.

— Dar încotro au luat-o? am întrebat.

— După căruță!

— După căruță!? exclamăm noi mirați. Și căruța încotro?

Nici nu termină bine de spus că nu știe exact, că noi ne-am răspândit imediat în toate direcțiile căutând căruța. Am alergat până unde strada se intersecta cu bulevardul. Dar nici urmă de Trust. Începuse să se lase întunericul, iluminatul public era foarte slab și pe deasupra se lăsa și ceața. Atunci realizăm că e posibil să nu-l găsim imediat și că e musai să lipim urgent afișe cu dispariția lui. Ne dăm seama că dacă ne grăbim, mai putem prinde deschis mall-ul din apropiere, unde știam că este un centru foto la care am putea printa o poză cu Trust.

Peste jumătate de oră, lipeam deja la toate scările de bloc din zonă, afișe cu poza lui, numărul de telefon și că oferim recompensă.

Continuăm căutarea. Colindăm la propriu tot cartierul și zonele învecinate, fără a-i da de urmă. Eram ca niște colindători obosiți care au uitat textul colindei și repetă doar refrenul:

Trust, Trust, Trust,
Trust, Trust, Trust...

Ne simțeam ca părinții lui Kevin din binecunoscutul film de Crăciun „Singur acasă 2: Pierdut în New York."

Trecuse deja de miezul nopții, când frânți de oboseală, ne dăm seama că este mai bine să mergem să ne odihnim câteva ore, pentru a putea continua căutarea în zori cu forțe proaspete. Cu un ultim efort, punem o postare despre dispariția lui Trust pe Facebook-ul Violetei și pe câteva site-uri ale iubitorilor de animale de companie.

În zorii zilei de Crăciun, eu am avut parte de o trezire bruscă auzind-o pe Violeta strigând și încercând să deschidă geamul:

— Trust, e Trust afară!!

În sinea mea îmi spun că asta chiar ar fi o minune, ținând cont că dormisem la mama mea, care locuia în alt cartier, aflat la câțiva kilometri distanță de locul unde Trust dispăruse. Am deschis repede geamul și am privit mai bine, dar când s-au apropiat puțin am văzut nu numai că nu era Trust, dar era un golden retriever — cei cu părul mai lung decât labradorii.

Am observat cum dorințele ne influențează percepția, cum vedem ceea ce vrem să vedem.

Toată ziua a continuat în ritmul în care a început: alert, căutând, când pe jos, când cu mașina, când iar pe jos și strigând mai tare decât colindătorii.

Telefonul Violetei sunase de mai multe ori după postarea cu Trust de pe Facebook. Se dovediseră a fi alarme false: ba era găsit mai de demult, ba era femelă, ba când trimiteau poză, nu era labrador...

Cu cât trecea timpul, cu atât ne era mai greu. Era dureros de acceptat faptul că va trebui să mai stăm o noapte fără să știm ceva de el. Era deja spre seară, așa că hotărâm să-i anunțăm pe prietenii cu care urma să petrecem seara de Crăciun că nu vom merge, dar nu apucăm că sună din nou telefonul Violetei:

— Am văzut pe Facebook că ați pierdut un labrador...am văzut poza și l-am recunoscut... el e! Alerga aseară dezorientat pe trotuar și s-a luat după noi. Ne-am dat seama că e pierdut și l-am luat să avem grijă de el.

— Aseară? La ce oră? Unde?...Venim imediat, spuneți-ne adresa.

Locul descris era la câțiva kilometri distanță fața de locul din care Trust dispăruse, pe același bulevard, doar că la celălalt capăt. Sărim în mașină și deși era ceață și întuneric, străbatem orașul cât de repede putem. Străzile erau pustii, oamenii luaseră o pauză după forfota de dinaintea Crăciunului.

Ajungem la locul indicat, ceața era și mai deasă...când deodată îi vedem pe partea cealaltă a drumului: doi tineri și un labrador auriu! Întoarcem imediat mașina și oprim în fața lor. Coborâm nerăbdători să-l întâlnim pe Trust. El cum ne vede, vine spre noi. Ne uităm unii la alții. Nu ne vine să credem. E Trust! Eram cu toții entuziasmați. Deschidem mașina și el sare direct în culcușul lui.

Îi întrebăm cât doresc recompensă, dar băieții ne spun că nu e nevoie. Sunt tare bucuroși că i-au găsit stăpânul, deși ar fi vrut să-l păstreze că le plăcea mult de el. Totuși și-au dat seama că e bine să ajungă la familia lui, pentru că fusese agitat toată noaptea și nu-și găsea locul.

Le mulțumim din suflet, ne revanșăm și plecăm plini de recunoștință că l-am găsit.

Este incredibil cum îți trece oboseala când devii plin de recunoștință. Deși am dormit puțin și am alergat foarte mult, ne simțeam revigorați. Așa că am mers bucuroși direct la întâlnirea cu prietenii noștri și ne-am bucurat împreună că l-am găsit pe Trust. A fost minunat să aflăm câtă lume se rugase să-l găsim! Le-am mulțumit celor care ne-au ajutat prin distribuirea postării de pe Facebook și am actualizat-o din „pierdut" în „găsit."

Găsirea lui a fost cel mai frumos cadou de Moș Crăciun. Nu ne puteam dori ceva mai mult.

☙ ☙ ☙ ☙

Dimineață însă, Trust era tot agitat și nu-și găsea locul. Ne hotărâm atunci să ne întoarcem acasă la București, în mediul lui, sperând că asta îl va ajuta să-și revină după toate prin câte trecuse.

Din păcate, nici când am ajuns acasă, starea lui nu s-a schimbat. Ne tot gândeam ce s-a întâmplat cu el înainte să scape de la cei care l-au luat și să fie găsit de băieții care ne-au sunat. Părea că fusese forțat să urce într-o clădire niște trepte, pentru că de când îl recuperasem, nu mai voia sub nici o formă să urce trepte. Dar nu știam ce altceva pățise, nu avea urme vizibile de violență, dar era speriat și avea privirea tulbure, pierdută.

Ne-am zis, că o noapte bună de somn în mediul lui și cu siguranță dimineață va fi mai bine. A fost într-adevăr mai bine, dar departe de a fi din nou cum eram obișnuiți cu el.

L-am dus să-l vadă doctorul lui veterinar, care îl știa de mic. După ce l-a consultat, a spus că se vede că a trecut prin traumă și de aceea se comportă diferit, dar să avem răbdare că își va reveni. Când a verificat cu aparatul microcipul pe care i-l pusese atunci când i-a făcut pașaport, nu l-a găsit, dar era posibil ca microcipul să fi fost afectat de faptul că Trust petrecea mult timp în apă.

Eu, Cristi, acceptasem că îi va lua o vreme lui Trust până își va reveni.

Dar pentru mine, Violeta, când la cabinetul veterinar nu i-au găsit microcipul, a fost accentuarea unei temeri, care îmi apăruse pe parcursul zilei și anume: poate nu e Trust și de aceea se comportă așa diferit! Deși fizic e leit Trust, are un alt comportament.

Ar fi fost totuși o prea mare coincidență, ca fix la câteva ore după ce dispăruse Trust, la celălalt capăt al aceluiași bulevard, să apară rătăcind un labrador care să semene leit cu Trust și să aibă aceeași vârstă conform examinării veterinarului. Ce să mai spunem că a sărit imediat bucuros în mașina noastră.

I-am spus totuși lui Cristi temerile mele.

Nu i-a venit să creadă ce-i spun și m-a rugat să am răbdare câteva zile, până când Trust își va reveni. Dar pe mine, mă măcina din ce în ce mai tare gândul că poate nu e Trust. Așa că l-am rugat la rândul meu să ia în considerare faptul că deși seamănă perfect cu Trust, totuși e foarte posibil să nu fie el, pentru că are cu totul alt comportament.

A fost pentru prima dată când noi doi, vedeam realitatea complet diferit. A fost teribil de greu. Mi-am dat seama că atâta timp cât Cristi are convingerea că lui Trust îi va lua o vreme până să-și revină, nu va putea accepta posibilitatea că acesta ar putea să nu fie Trust.

Realizând ce se întâmplă, am încercat să-l conving că am dreptate. După mai multe încercări de a-l convinge, el mi-a spus ferm:

— E ultima oară când mai vorbim despre asta, te rog acceptă că acum Trust este așa și în cel mai rău caz poate va rămâne așa toată viața lui, schimbat, altfel decât îl știm noi.

Atunci eu am scris cu litere mari pe un bilet: SĂ NU-MI SPUI CĂ NU ȚI-AM ZIS și l-am lipit la vedere, chiar pe ușa frigiderului.

Mă înnebunea gândul că Trust e undeva, nu știu unde, nu știu cu cine, poate rănit, poate flămând, poate chinuit, așteptându-ne sau căutându-ne disperat. Mă chinuia și gândul că poate alți oameni își caută cu disperare labradorul lor, în timp ce acesta era la noi. Așa că am postat din nou:

„Îl căutăm în continuare pe Trust!"

Prietenii mă întrebau ce se întâmplă, că nu mai înțelegeau nimic: l-am pierdut, l-am găsit și acum îl căutăm din nou? Întrebau și dacă nu avea zgardă după care să fie recunoscut. Le-am spus că atunci când l-am găsit, zgarda îi fusese scoasă de la gât și le-am explicat strania coincidență de asemănare fizică perfectă, plus că a fost găsit în aceeași seară, rătăcind la capătul opus al aceluiași bulevard din apropierea căruia Trust dispăruse.

S-au oferit să redistribuie anunțul în speranța că totul se va elucida cât mai curând.

În câteva zile urma să fie Anul Nou, iar noi aveam rezervare la munte pentru acea perioadă. Eu, Violeta, speram că prietenii cu care urma să ne întâlnim acolo, vor remarca și ei că nu e Trust. Copiii lor îl îndrăgeau mult pe Trust și chiar credeam că își vor da seama, dar ei imediat ce am ajuns, l-au luat la joacă prin zăpadă ca și cum nu era nimic în neregulă. Nimeni nu a zis nimic, toată lumea credea că e Trust. Văzând asta, am început să mă întreb dacă nu cumva mintea mea îmi joacă feste, din moment ce toată lumea era convinsă că e Trust.

În aceeași seară târziu, am primit un telefon. Un domn din Constanța care-și plimba câinele, a fost oprit de câțiva puști care încercau să-i vândă un labrador! Ajungând acasă, a văzut postarea și a făcut imediat legătura. Recunoscuse asemănarea cu Trust și ne-a sunat. L-am rugat din suflet dacă poate să facă rost de numărul lor de telefon. Ne-a asigurat că va merge dis-de-dimineață în aceeași zonă să-i caute pe băieți și să ne pună în legătură.

Îmi era foarte greu să știu că adevăratul Trust ar putea fi în Constanța, în timp ce noi suntem la munte fără el, chiar acum în Ajun de Anul Nou. Mă rugam ca adevărul să iasă la lumină. Și ceva s-a întâmplat în dimineața zilei următoare.

🐾 🐾 🐾 🐾

Prietenii noștri au insistat să urcăm cu Trust pe cea mai înaltă colină din zonă pentru a admira priveliștea. Am mers cu toții prin zăpadă, iar când am ajuns pe culme, într-adevăr era o priveliște de basm: toate văile și dealurile erau acoperite de un strat pufos de zăpadă, iar soarele strălucea foarte puternic pentru o zi de iarnă. Liniștea, claritatea și bucuria iernii se așternuse peste tot, însă mie, îmi era în continuare foarte greu...

La întoarcere, cum coboram noi prin zăpadă, îl aud deodată pe Cristi spunând pe un ton sigur:

— Da, într-adevăr nu e Trust!!

Prietenii noștri și copiii lor, nu înțelegeau despre ce vorbește Cristi. Eu nu le spusesem nimic pentru că avusesem speranța că vor observa ei ceva diferit la Trust...

Imediat ce Cristi rostește acele cuvinte surprinzătoare, se și aude telefonul lui sunând:

— Alo, da! Cum? Când? Unde?...Da, da! Așteptați acolo...cam jumătate de oră...trimit pe cineva!

Toți ne uitam la Cristi. Era total schimbat la față.

Ne spune că erau niște puști...*mai bruneți după voce*...care zic că ne-au găsit câinele și vor bani ca recompensă, că altfel nu-l dau.

Ne-a spus locul unde s-a fixat întâlnirea și era același cu cel descris de domnul care sunase aseară! În plus, puștii sunaseră pe telefonul lui Cristi, număr care apărea doar pe afișele lipite în zona de unde Trust dispăruse, nu și pe postările de pe internet. Mai mult, după voce le recunoscusem etnia, era cea de care ne spusese și vecina care-i văzuse pe geam cu căruța. Am știut atunci că ei îl luaseră.

Devenise clar pentru noi: încercaseră să-l vândă, nu reușiseră timp de o săptămână și atunci ne-au sunat pe noi după recompensă, chiar acum în Ajun de Anul Nou.

Sunăm imediat pe cineva din Constanța care-l știa foarte bine pe Trust, îi explicăm despre ce este vorba și îl rugăm să se ducă imediat la locul de întâlnire fixat.

Apropiindu-se de locul întâlnirii, îi vede pe puștani cum îl țineau pe Trust legat cu o sfoară. O sfoară! Exact cum ne descrisese doamna care-i văzuse pe geam atunci când l-au luat.

Îl strigă din depărtare: Trust!!!

acel moment Trust și-a dat seama că ne-a regăsit.

Când se văd împreună pleacă amândoi fericiți în timp ce hoții strigau într-una cu tupeu: „nenea, nenea...recompensa!" Apoi mă sună din nou pe mine, recitând același text: „recompensa, recompensa!"

Le-am spus că atunci când mă întorc în Constanța le dau eu *o recompensă*... S-au prins că ne-am dat seama că ei îl furaseră și nu au mai avut curaj să mai zică ceva și nici nu au mai sunat după recompensă. Eram așa de fericiți știind că l-am regăsit pe Trust și că e bine! Ne-am îmbrățișat și am plâns de bucurie.

🐾 🐾 🐾 🐾

După plâns, am izbucnit în râs când ne-am dat seama că acum aveam doi labradori:

Trust cel adevărat la mare,
iar sosia lui, cu noi la munte!

Bineînțeles că a urmat a patra postare:

„Acum chiar l-am găsit pe Trust
și avem un labrador în plus!"

Am atașat o poză cu el. Ne doream foarte mult să reușim să-i găsim familia ca astfel să se liniștească și el.

Acum, după ce știam că sigur nu e Trust, am început să vedem pe lângă comportamentul diferit pe care îl remarcasem încă de la început și foarte mici particularități fizice, mici semne distinctive care îi diferențiau pe cei doi *gemeni*. Dar cât timp crezusem că e Trust, nu sesizasem aceste foarte subtile diferențe. **Este uimitor cum mintea noastră filtrează percepția realității în funcție de ceea ce credem în acel moment.**

＊　＊　＊　＊

A doua zi dis-de-dimineață, sună telefonul Violetei:

— Alo, vă sun în legătură cu labradorul! Am văzut acum poza pe care ați postat-o ieri și l-am recunoscut imediat, este labradorul meu, al nostru, al familiei!

Am simțit imediat o imensă bucurie! Știam prea bine ce înseamnă regăsirea labradorului după dispariția acestuia din sânul familiei.

— Ne bucurăm tare mult - îi răspundem - dar cum îl cheamă?

— Otto!

— Otto??

În momentul acela, labradorul care se juca liniștit pe covor a ciulit brusc urechile, și-a ridicat capul și ne-a privit într-un fel cu totul nou. Și-a ciulit și mai tare urechile întorcându-și capul spre noi. Era ca și cum spunea: *în sfârșit mi-ați aflat numele! Dar de unde-l știți?*

L-am rugat pe domn să-l strige tare și am pus telefonul pe difuzor. Când i-a auzit vocea, s-a ridicat în picioare și a început să caute nedumerit. Devenise dintr-odată atât de zglobiu, de ziceai că era un alt câine.

I-am cerut să ne trimită o poză — ceea ce a și făcut imediat. Ne-am bucurat enorm de asemănare și speram din tot sufletul nostru să fie el. Domnul tare bucuros și nerăbdător, a întrebat unde suntem, să vină după el. I-am spus că o să-l ducem noi până acasă, pentru că, după toate prin câte trecuserăm, voiam să fim absolut siguri, fără vreo umbră de îndoială că el chiar este Otto, labradorul lor.

Am stabilit când o să mergem și ne-au dat

adresa. Locuiau la casă, în Costinești, adică la aproximativ 30 de kilometri de locul din care îl luaserăm noi de la băieții care îl găsiseră în seara în care a dispărut Trust!

Când am ajuns pe strada lor, am oprit mașina la câteva case distanță față de numărul indicat. Îi rugasem să aștepte înăuntru, să vedem dacă el va recunoaște casa și astfel să fim sută la sută siguri că el e Otto. Am deschis mașina, labradorul a coborât ca de obicei, s-a dus la primul copac, a început să adulmece, a mers spre următorul copac tot mirosind, apoi s-a oprit brusc, parcă încremenise și deodată a început să dea foarte bucuros din coadă și cu o viteză uimitoare a zbughit-o la fugă vreo sută de metri, iar noi îl urmăream.

S-a înălțat pe picioarele din spate și a împins cu putere o poartă…Poarta îl recunoaște și se deschide. Se vedea clar că până și poarta îl așteptase. Otto intră triumfător în propria-i cetate, dând mândru din coadă, căci își regăsise cuibul pierdut.

A fost fantastic să fim martorii unei asemenea scene. Totul a continuat la fel de minunat precum măreața lui intrare.

În pridvor ieșise întreaga familie. Aveau lacrimi de bucurie în ochi. El a sărit bucuros imediat spre ei. Au urmat multe, foarte multe îmbrățișări.

Era ca și cum fiul lor iubit se întorsese de pe câmpul de luptă unde fusese dat dispărut fără de urmă. Și totuși când nimeni nu mai spera, el se întoarce ca un curajos învingător. Până și pisica familiei se bucura de întoarcerea lui Otto. Chiar o făcea!

Am fost poftiți în casă ca niște salvatori. S-a creat o așa atmosferă cu ocazia miraculoasei regăsiri. Doamna abia scosese cozonacii din cuptor, făcuți special pentru a sărbători acest moment. A urmat depănarea poveștilor la gura sobei, în acea mireasmă de cozonac proaspăt, într-o superbă zi însorită de iarnă.

Ne-au povestit cum Otto dispăruse în urmă cu trei luni din fața casei, după ce trecuseră pe strada lor niște căruțe și se temeau că l-au luat pe Otto, care obișnuia să iasă singur pe stradă și să meargă la mare. L-au căutat zile întregi neîncetat extinzându-și căutările până în Mangalia. A fost de-a dreptul istovitor. Zi după zi, fără nici un rezultat. Parcă intrase în pământ.

Epuizați, după două luni au fost nevoiți să înceteze căutarea și să se confrunte cu adevărul că e foarte posibil să nu-l mai vadă niciodată, să nu mai fie niciodată împreună.

Apoi minunea s-a întâmplat!

Prieteni de-ai lor care văzuseră postarea redistribuită de prietenii noștri, i-au anunțat imediat. Am înțeles încă o dată că viața are căile ei necunoscute și de cele mai multe ori neînțelese de către noi oamenii atunci când se întâmplă. Unele lucruri le înțelegem mai târziu, altele poate niciodată.

În cazul de față, dispariția lui Trust și tot ceea ce s-a întâmplat până la regăsirea lui, au dus la reîntregirea familiei lui Otto, când nu mai credea nimeni că va fi găsit. Cu toții eram atât de recunoscători. Știam că dacă Trust nu ar fi fost furat, e posibil ca Otto să nu mai fi ajuns vreodată acasă.

Otto fusese cadoul de majorat al fiicei lor, cu care am păstrat legătura în toți acești ani. Din când în când, ne trimite câte o poză cu frumosul labrador și ne mai spune despre el. Pentru noi, Otto va rămâne pentru totdeauna și *băiatul nostru.*

Trebuie să avem încredere
că tot ce se întâmplă are un sens,
chiar dacă în acel moment
nu-l putem înțelege.

Unele lucruri par incredibile,
deși sunt absolut reale.

Trust și magia Vieții

O zi de neuitat

Trust mai avea o mare calitate și anume era atent ca nu cumva să deranjeze și asta l-a făcut să fie foarte îndrăgit și iubit de foarte multă lume, iar el iubea oamenii mai mult ca orice.

A fost prima și singura dată din viața lui când îi întâlnea pe toți oamenii dragi în același timp. Era nunta noastră și aproape toată lumea era cazată în același loc în care era și Trust.

Era fascinat că tot timpul cineva îl striga pe nume, altcineva îl mângâia, mai primea câte o gustărică, mai câte o jucărie. Era așa de fericit, că parcă nu-i venea să creadă că deodată atât de mulți dintre oamenii lui dragi, erau acolo. Se bucura nespus de mult, țopăia de la unul la altul, nu termina să-și exprime bucuria revederii cu cineva, că apărea altcineva dornic să-i mângâie urechile cu blăniță fină.

Plus că unii dintre invitați au venit însoțiți de prietenii lor blănoși, că nu prea te lasă inima să mergi la mare și cățelul să rămână acasă. Așa că Trust era înconjurat și de câțiva dintre prietenii lui căței. Era o adevărată zi de sărbătoare. Lumea era relaxată, că are marea un fel unic al ei de a te relaxa, atmosfera era de vacanță fiind mijlocul verii, deci să te tot joci cu năstrușnicul labrador, care era și foarte tânăr pe vremea aceea.

A fost cu adevărat o zi de neuitat pentru Trust și nu numai pentru el. Pentru noi a fost foarte bine să-l știm pe Trust ocupat cu una din activitățile lui preferate, socializarea, adică mângâieri, masaj, într-un cuvânt răsfăț total. Așa puteam și noi să ne pregătim și să ne dichisim pentru că la urma urmei nu era o zi de neuitat doar pentru Trust, ci și pentru noi.

Stabilisem cu un prieten să-l aducă doar spre sfârșitul ceremoniei — care a avut loc în aer liber, la apusul soarelui, pe malul apei — pentru a face poze cu el. Și ca un labrador care nu se dezminte, pe drumul spre locul ceremoniei a găsit singura băltoacă din toată zona, în care bineînțeles că s-a tăvălit.

A apărut vesel, îmbrăcat festiv și decorat cu noroi. Era așa o prezență. Rămăsesem doar noi, fotografii și cerul purpuriu de apus care se oglindea în apa clară și liniștită. Trust era fericit că în sfârșit este cu noi și a stat cuminte la picioarele noastre pentru ședința foto.

Se uita curios la camera de filmat ceea ce-i făcea treaba mai simplă cameramanului. Se vedea pe fața lui că era fericit. Era atât de frumos în lumina apusului, cu ochii lui strălucitori și pătrunzători. În jurul gâtului avea o eșarfa de mătase, la fel ca și cravata lui Cristi — culoare magenta, care se asorta perfect cu blana lui aurie, iar atitudinea lui relaxată și boemă transmitea: *e tare bine în blana mea, chiar și așa tăvălită și împopoțonată.* Simțea el că ceva se întâmplă, cu siguranță ne-a mirosit emoțiile și fericirea. A fost atât de minunat să-l avem acolo cu noi, într-o zi de neuitat.

Cel mai bun motiv de a se aduna oamenii,
este cel de a celebra iubirea.

„Voi v-ați găsit Sufletul Pereche,
și nu puteți ascunde asta.
Radiază din adâncul vostru,
strălucește prin ochii voștri,
emană prin porii pielii
și e cu adevărat frumos să vezi asta.

Chiar și câinii o pot simți.

V-am privit ieri de pe verandă.
V-ați dus într-o plimbare pe plajă.
Cristi & Violeta & Trust,
iar după voi, la câțiva metri un alt câine.

Era așa o atmosfera în jurul vostru.

Trebuie să fie cei mai fericiți câini din lume,
- am gândit eu - trăind în bula de iubire
a lui Cristi & Violeta.”

~ Viggo Johansen,
fragment din discursul rostit la nunta noastră.

Trust cel norocos

După cum spuneam, Trust a venit cu noi peste tot, în afară de călătoriile noastre cu avionul. Atunci pentru că nu-l puteam lua cu noi, venea mama Violetei să stea cu el. Era bine pentru toată lumea: ei îi plăcea să vină să stea cu Trust, noi plecam liniștiti știind că e pe mâini bune, iar Trust ce să mai zicem, era cel mai fericit cu ea. Îl răsfăța așa cum doar bunicii știu să o facă.

Așa că *Buni* avea misiune importantă, destul de des. Zbura din Cluj special să stea cu

Trust. Era și o ocazie bună să ne vedem, petreceam câteva zile împreună înainte de plecarea noastră și câteva la întoarcere. Și datorită lui Trust, ne vedeam destul de des.

Buni era tare bine dispusă și pe drumul de la aeroport spre casa noastră ne-a povestit cât de bine s-a simțit în avion, că a stat tot drumul de vorbă cu doamna de lângă ea și au râs mult împreună. Ne-a redat conversația lor:

— Merg la București să-mi văd nepoțelul, că nu l-am văzut de un an de zile; mi-e cam frică cu avionul, îmi spune doamna.

— Și eu merg tot la nepoțel! O să am grijă de el o săptămănă. Eu vin des că mie îmi place cu avionul și-mi place și să stau cu el. E frumos și cuminte și tare mă iubește.

— Câți ani are?

— Patru ani și jumătate, îi răspund.

— Aveți o poză cu el?

— Da, sigur! și îi arăt ecranul telefonului pe care am poza cu Trust.

— Vai ce m-ați păcălit, îmi zice ea râzând.

— Dar nu v-am păcălit deloc, chiar pentru el mă duc. Mă înțeleg cu el ca și cu un copil. Ascultă când vorbesc și când îmi spune ceva în felul lui, eu îl înțeleg. Ne plimbăm mult și ce ne mai jucăm amândoi cu mingea. E și cu mult bun simț, dacă îmi sună telefonul în timp ce ne jucăm, se așează lângă mine și așteaptă să-mi termin convorbirea. Rar mai găsești așa copii cuminți în zilele astea...

Asculta doamna așa curioasă, că a și uitat de frica de zbor de care îmi spusese la decolare. I-aș mai fi povestit multe, dar tare scurt îi drumul ăsta cu avionul.

Poveștile despre Trust binedispuneau chiar și oameni care nu-l întâlniseră.

Când ajungem acasă, bucuria revederii cu Trust a fost imensă de ambele părți, dar manifestată diferit: Trust țopăia dând din coadă și aducând pe rând câte o jucărie din coșul lui, parcă să-i arate că au cu ce să se joace, iar *Buni* scotea din geantă bunătăți din Ardeal parcă să-l asigure că se vor ospăta pe cinste. Făceau o echipă foarte bună: Trust era responsabil cu buna dispoziție și plimbări lungi în natură, iar *Buni* cu pregătirea meselor copioase.

Când a terminat fiecare ceea ce avea de etalat, am ieșit cu toții pe malul lacului, noi la o plimbare, iar Trust la o explorare. După plimbare, îl lăsăm pe Trust acasă să se odihnească spunându-i că mergem la *vânătoare* — asta însemna că o să ne întoarcem cu ceva bun pentru el — și eu le invit pe doamnele mele la o cină în oraș. Rezervasem o masă la cel mai renumit restaurant la vremea aceea, din piața Charles de Gaulle.

Eu și mama Violetei am servit fiecare câte o specialitate de-a lor, pârjoale marinate într-un sos delicios. Foarte gustoase, dar nu am mâncat tot...porțiile erau foarte generoase așa ca au rămas neterminate... iar eu mai dădusem la o parte și din crusta prăjită pe care nu o mâncasem, cu gândul la Trust care ne aștepta acasă.

Am rugat-o pe chelneriță să pună ce rămăsese la pachet pentru câinele nostru.

— Cu mare drag spuse ea, doriți între timp să serviți un desert?

Savurăm noi un desert, după care plătim, ne ridicăm luând cu noi pachețelul pregătit și pornim direct spre casă cu gândul la Trust.

Cum deschidem ușa, Trust sare în sus de bucurie că ne-am întors. Nici nu apucă Violeta să deschide bine pachetul, când vede un ardei iute deasupra și spune:

— Le-am spus că-i pentru câine și ei pun ardei iute?!

Dar Trust era deja aproape cu botul în mâncare. Însă ce văd eu în fata ochilor?

— O porție întreagă, generoasă și aburindă de sărmăluțe cu mămăliguță, decorată frumos și cu un ardei iute.

Până să ne dezmeticim noi ce se întâmplă, cum au ajuns sărmăluțele la noi, Trust deja înfuleca, dând din coadă de bucurie, sărmăluță, după sărmăluță...

Ce răsfăț pe cinste primise Trust în seara aceia! Ce norocos!

Ne părea rău însă pentru cel care primise din greșeală celălalt pachet și care vrând să ofere o porție de sărmăluțe, oferă niște resturi de pârjoale. Ne și imaginam cum mândru își strigă soția:

— Am sosit! Ți-am adus mâncarea ta preferată! Hai că încă-i caldă! Poftă bună!

Ne-am amuzat mult în seara aceea făcând tot felul de scenarii legate de această încurcătură, iar în acest timp Trust se uita la noi lingându-se pe bot satisfăcut. El era cel mai câștigat.

Servise o delicioasă porție de sărmăluțe cu mămăliguță decorată cu ardei iute și asta fără să participe la vreo nuntă.

Râdeam imaginându-ne cum altă dată la plecarea dintr-un restaurant când comandăm și ceva la pachet, ne putem alege noi cu niște resturi, pentru că încurcături de genul acesta se întâmplă. Dacă reușim să vedem cu mintea deschisă că astfel de situații fac parte din viață, în loc să ne enervăm, putem să ne amuzăm în timp ce viața ne surprinde în diverse feluri, pentru că un lucru e cert, mereu o face.

Viața este imprevizibilă,
oricât vom încerca noi să o controlăm.

Cuvântul magic
al lui Trust

Am observat că atunci când pronunțam cuvântul *minge*, Trust devenea dintr-o dată foarte atent. Avea acest cuvânt o anumită rezonanță în el încât se ridica imediat în picioare, devenea alert, prezent și pregătit de joacă. Întotdeauna.

Ar fi minunat să avem și noi așa un cuvânt magic, pe care atunci când îl auzim sau îl rostim să devenim **complet prezenți și pregătiți să trăim plinătatea vieții**. Astfel plictiseala sau visarea iluzorie nu și-ar mai avea locul.

Cel mai apropiat cuvânt pentru noi oamenii, ar putea fi: **suntem.** Ce poate fi mai prețios decât faptul că **trăim?**

🐾 🐾 🐾 🐾

Pentru Trust, *minge* însemna orice obiect care putea fi aruncat de către cineva și ținut în gură de către el. Acestea erau cele doua condiții care calificau un obiect să fie *minge*.

Putea fi o sticlă de plastic, o jucărie indiferent ce reprezenta, o piatră, o bucată dintr-o creangă, o scoică sau chiar și un bulgăre de zăpadă. În acest caz la fiecare aruncare făceam un bulgăre nou spre deliciul lui Trust. Iar partener de joc putea fi oricine era dispus să se joace cu el, adică să prindă mingea, să o arunce cât de tare poate și să aștepte entuziast până când Trust o aduce înapoi din apă, din zăpadă, din iarbă, din nisip...

Pentru el era totul foarte simplu. Nu conta că era cineva cunoscut sau cineva pe care de abia l-a întâlnit, dacă omul avea chef de o partidă de distracție și avea și timp la dispoziție, era partenerul perfect.

Trust era neobosit când era vorba să se joace cu mingea și era atât de dedicat jocului încât uita și de mâncare. Iar când vorbim de un labrador, ăsta chiar este un lucru mare, pentru că se știe că sunt gurmanzi prin natura lor. Însă, când era vorba de joacă, parcă trecea dincolo de trăsătura lui de gurmand.

De multe ori aveam impresia că se hrănește cu bucuria oamenilor cu care se joacă, că inhalează fericirea lor pe care o multiplică în inima lui mare și o eliberează din nou în aer, pentru că Trust este un retriever, iar un retriever înapoiază întotdeauna ceea ce primește. Nu a existat om care după o partidă de joc cu Trust să nu fie vesel, energizat și binedispus.

Mai era magic acest cuvânt și pentru noi, trebuie să recunoaștem, că atunci când aveam treabă și voiam să-l ducem în casă, iar el bineînțeles că ar mai fi stat afară, ne foloseam de magia acestui cuvânt să îl facem să vină cu bucurie. Și dacă uneori nu funcționa pentru că se jucase destul cu mingea, treceam la cuvântul super magic și anume: *pisica*. Acest cuvânt l-a învățat de la un tânăr grec, patronul unui hotel la care am stat într-o vacanță și care avea și el un labrador pe care îl plimba cu scuterul prin toată peninsula.

Nu am știut de ce ne-a întrebat cum se zice la pisică în limba română, dar am aflat după că voia să-l tachineze pe Trust cu acel cuvânt. I-a tot repetat *pisica, pisica* până când Trust l-a memorat ca ceva important. Când îl auzea devenea interesat și venea imediat cu noi să ne ajute să o găsim. Nu știm sigur la ce se aștepta să găsim, important era că venea cu noi înăuntru.

N-am găsit niciodată vreo pisică prin casă, însă nu am renunțat niciodată să o căutăm. Așa că Trust avea două cuvinte la auzul cărora nu putea rezista: *minge* și *pisica*.

În urechile lui sunau ca ceva foarte important, ceva ce nu poate fi ignorat, iar pentru noi erau magice pentru că își atingeau întotdeauna scopul. Erau atât de puternice pentru el, încât atunci când se odihnea eram atenți ca nu cumva să rostim aceste cuvinte, pentru că se ridica imediat și venea să ne aducă mingea sau să caute pisica.

Noi suntem cei care dăm semnificație
lucrurilor și evenimentelor.
Întotdeauna!

Un tort surpriză

Era o zi însorită de duminică, început de toamnă, o zi cum nu se poate mai frumoasă pentru că era ziua lui Trust. Ne întorceam de la munte, unde avusesem în weekend un curs la care bineînțeles că a participat și Trust, ca la toate cursurile noastre din țară. Pe lângă că era super calificat, era și adorat de toți participanții, fiind o prezență caldă și liniștită în timpul cursului iar în pauze asigura voia bună și destinderea. În timpul liber de după cursuri, te puteai baza pe el că te va însoți în explorarea zonei și că vei ajunge în niște locuri mai puțin turistice. Așa că era un ghid montan inedit.

Și pentru că uneori viața ne surprinde într-un fel minunat, ziua de naștere a lui Trust a coincis în acela an, cu botezul băiețelului unor prieteni dragi.

Imediat după curs, îmbrăcați de sărbătoare, iar Trust cu un papion asortat cu ținuta noastră, ne-am dus direct la petrecere. De cum am ajuns, portarul văzându-l pe Trust în mașină, ne-a rugat să-l lăsăm cu el, să-i treacă și lui timpul mai plăcut. Ne-am bucurat, cum ne bucuram de fiecare dată când Trust aducea zâmbete pe fețele oamenilor. Și asta se întâmpla foarte des, adică zilnic. Era bine pentru Trust să stea afară la umbră, destul de departe de muzica asurzitoare dar și destul de aproape pentru cei care voiau să-l vadă.

Când a venit ospătarul să adune farfuriile, l-am rugat să pună ce ne-a rămas la pachet pentru câinele nostru care ne așteaptă în curte, pentru că nu ne place să aruncăm mâncarea. Era păcat să aruncăm atât de multe bunătăți, chiar era unul dintre cele mai bogate meniuri. Ospătarul ne-a întrebat entuziast dacă poate să-l servească el pe Trust, că e meseria lui. Auzise deja de la colegi, de labradorul simpatic din curte, care joacă fotbal cu portarul.

Ce bine — ne-am gândit noi — că acum portarul va avea șansa să joace și alte roluri, pentru că Trust era el cel mai bun portar de fotbal. Era tare fain să știm că se distrează și el, dacă tot eram la o petrecere. Și cum la petreceri întâlnești oameni noi, și-a mai făcut și el câțiva prieteni. De fapt nu era greu deloc să-și facă prieteni pentru că el era foarte prietenos, iar prima condiția ca să ai prieteni este ca prima dată să fii tu un prieten bun, ceea ce pentru Trust era ceva foarte natural.

Când ne-am dus să vedem ce mai face, am avut o mare surpriză:

Trust stătea și se uita la un tort imens făcut din fripturi, șnițele, chifteluțe, șuncă, somon, rulouri învelite în bacon și tot felul de brânzeturi. Toate acestea erau așezate cu grijă și pricepere într-un apetisant tort aniversar, decorat cu mult talent. Doar lumânări în care să sufle Trust nu erau pe *tort*, dar ne-am dat seama că ar fi fost inutile, pentru că Trust nu-și dorea nimic mai mult.

Era mai mult decât satisfăcut, era impresionat și emoționat. Stătea cam la un metru de tort, îl privea cu poftă dar și cu reținere și precauție, puțin circumspect ca și cum ar putea fi o capcană.

Nu știuse că va avea parte de un tort surpriză. Era mult prea frumos ca să fie adevărat! Stătea nemișcat aproape încremenit, parcă încercând să nu facă multă mișcare, ca nu cumva să se trezească și totul să fi fost doar un vis. Din când în când, prindea curaj și se apropia tiptil, lua o bucățică cu mare atenție și precizie, lăsând tortul aproape intact, se retrăgea la o distanță optimă, nici prea departe încât să nu-l poată supraveghea, dar nici prea aproape în caz că totuși era vreo cursă.

Acolo, mânca cu poftă și cu ochii la restul de bunătăți, după care se ridica și la fel de discret, mai lua o bucățică. Era o adevărată încântare să-i vezi nedumerirea și în același timp desfătarea în fața neașteptatului ospăț. Ca de obicei, lua bucățile în ordinea preferințelor lui, pentru că Trust întotdeauna mânca prima dată ce-i plăcea lui cel mai mult, nu păstra niciodată ceva ce îi plăcea pentru altă dată.

Noii prieteni ai lui Trust, ospătarii, erau fascinați și mirați de cât de manierat era clientul lor. Crezuseră că Trust va da buzna peste bunătăți și le va devora instant. Ne spuneau că dacă ar avea zilnic genul acesta de clienți cu bun simț și maniere cum e Trust, le-ar fi mult mai plăcută meseria.

Trust a avut *tort* în fiecare an de ziua lui, dar acesta rămâne memorabil, pentru că a fost un tort surpriză nu doar pentru el, ci și pentru noi.

După fiecare masă trebuie să te lingi pe bot
plin de recunoștință și să mulțumești.
Întotdeauna!

Recunoștința și bucuria de a trăi,
călătoresc întotdeauna împreună.

Călătorind cu Trust

Trust pilot

Era o după-amiază tare faină de toamnă, iar noi străbăteam fără să ne grăbim, colinele scăldate de soare ale Dobrogei, tărâm în care vița de vie se simte în largul ei. În lumina asfințitului, peisajul din fața ochilor era încântător. Vița de vie, care nu demult fusese încărcată cu struguri bine copți, se lăsa acum mângâiată de razele blânde ale soarelui și-și lăsa frunzele purtate de adierea brizei. Își dăduse pe deplin roadele, iar acum se relaxa împlinită că-și făcuse bine treaba.

Trust, cu capul scos pe geam, privea fascinat mișcarea frunzelor, de parcă recunoscuse și el ritmul mării în acest dans spectaculos. Ne întorceam la București după o vară la mare și fără să ne dăm seama, nostalgia se instalase deja în sufletul nostru...

Înainte să trecem Dunărea, parcă în încercarea de a lua cu noi ceva din buchetul special al acelui loc din acel moment, oprim să cumpăram un vin roșu bun, dintr-o cramă a unei podgorii renumite. Fiind la drum și vizibilitatea în scădere, lăsăm pozițiile mașinii aprinse, geamurile întredeschise și pe Trust stând comod pe banchetă.

Mergem spre intrare să vedem dacă avem noroc și mai e încă deschis, căci nu mai era nici o altă mașină parcată acolo. Am fost norocoși, deși se pregăteau de închidere s-au bucurat să ne servească, făcându-ne chiar și un mic tur al cramei. Ne-au prezentat cu mândrie câteva feluri de vin roșu din cele mai apreciate soiuri de struguri și ni le-au oferit pentru degustare. Am admirat mai întâi culoarea rubinie a vinului, am rotit paharul pentru ca vinul să se aereze și să-și elibereze pe deplin mireasma. Buchetul lui bogat ne-a încântat simțurile. Văzând câtă atenție am acordat degustării, au crezut că suntem *mari cunoscători* și ne-au invitat să mergem să ne arate prețioasa lor colecție de vinuri din pivniță, din cei mai buni ani.

Într-un fel intuiseră bine, căci știam ce calități trebuie să aibă un vin bun. Cunoșteam câte ceva și despre cultivarea viței de vie de la tatăl Violetei — care face asta cu pasiune de o viață întreagă — așa că am avut și noi de unde să mai aflăm câte un mic secret. Chiar am și plantat butași de vie, cu ajutorul lui Trust bine-înțeles, care învățase să sape de la prietenul lui Arheologul.

Fascinați de impresionanta colecție, nici nu ne-am dat seama că afară se întunecase de-a binelea și se lăsase și ceața. După ce am ales un vin bun, cu un gust plin, fructat și proaspăt, din care să savurăm câte un pahar în tihnă acasă la cină, am ieșit din cramă încântați de ospitalitatea cu care am fost primiți și nerăbdători să ne întoarcem la Trust. Mergând spre locul în care parcasem, observăm o femeie care privea fix la mașina noastră frecându-și ochii, parcă nevenindu-i să creadă ceea ce vede. Ne apropiem curioși, iar ea când ne zărește ne întreabă încremenită de mirare:

— Dumneavoastră sunteți cu mașina??

— Da! răspundem noi. S-a întâmplat ceva?

— Credeam că nu mai văd bine!! spune ea în timp ce încă își mai freca ochii. Doamne, bine că ați venit! Vedeți de ce mă holbam?! Credeam că mintea îmi joacă feste! Că am vedenii, halucinații… Doamne-ferește! Ieșisem la o ocazie, și m-am bucurat când că am văzut o mașină. Am venit repede să-l întreb pe șofer dacă poate să mă ducă, dar când l-am văzut m-am speriat rău. Mai ales că nu mai era nimeni în preajmă…

La volanul mașinii era Trust!

Pozițiile erau aprinse, iar Trust stătea atât de natural așezat pe locul șoferului, ținând relaxat volanul cu labele lui mari și privind drept în față, încât chiar părea că va porni cu mașina în orice clipă! Arăta ca un pilot de curse ce aștepta atent startul. Era ca o scenă de film. Am izbucnit cu toții în râs. Ce moment de poveste!

Dacă am fi știut mai devreme că avem mașină cu *șofer*, am fi savurat și noi câte un pahar de vin roșu în renumita cramă.

Viața se întâmplă. Să o savurăm!

Trust magician

Pe lângă faptul că era de încredere, Trust mai avea o mare calitate: schimba pe loc stările oamenilor. Și nu ne referim doar la noi. Noi oricum nu aveam voie să stăm supărați mai mult de cinci secunde, pentru că venea imediat și ne împingea cu botul lui mare, negru și umed, întrebându-ne din privirea lui blândă: *eu ce rol mai am aici, dacă voi sunteți supărați?* Adevărul este că e aproape imposibil să stai supărat în preajma unui labrador.

De multe ori la semafor sau în blocajele din trafic când vedeam în mașini oameni triști sau agitați, deschideam geamul din spate al mașinii și Trust curios pe unde suntem, se ridica imediat și își scotea capul pe geam. Capul lui mare și auriu atrăgea ca un magnet privirile oamenilor din mașini, care parcă ieșeau din transa gândurilor și-l priveau uimiți. Imediat apăreau zâmbete, unii deschideau geamul și ne întrebau ce rasă e și câți ani are, alții vorbeau direct cu el, unii îl pozau, iar uneori dacă semaforul se schimba între timp și mașinile începeau să ruleze, îl filmau.

Oricum pentru câteva momente toți uitau de toate grijile, de blocaj, de faptul că erau în întârziere. Pentru un moment erau acolo, prezenți în ceea ce era, în realitate nu în gândul că nu ar trebui să fie blocați acolo sau că ar trebui să fie deja într-un alt loc. Iar adevărul este că eram deja acolo, blocați în trafic și oricât de stresați, agitați, nervoși sau plictisiți am fi fost, tot acolo eram. Blocați în trafic.

Și blocajului nu-i păsa, nu era impresionat de neliniștile, nervii sau de dorințele noastre. Era așa cum era, indiferent că eram agitați sau ne bucuram să vedem un cap haios de câine scos pe geamul unei mașini. Iar poate uneori, apărea un moment de prezență, în care ne dădeam seama că oricum vom ajunge atunci când vom ajunge. De ce să credem în continuare gândul că ar trebui să ajungem mai devreme dacă viața ne arată că așa ceva nu e posibil?! De câte ori nu ne-am grăbit, poate chiar rănit pe noi sau pe alții în graba noastră și când am ajuns ne-am dat seama că mai bine nu ne grăbeam. Oricum viața se întâmplă întotdeauna strict după principiile ei, nu se abate de la ele niciodată, pentru nimeni. Și atunci nu ar fi mai bine să acceptăm asta?

În marea țesătură a vieții evenimentele se întâmplă exact așa cum se întâmplă, urmând principiul natural cauză-efect. Și oricât ne-am dori ca lucrurile să stea diferit, e imposibil în acel moment. Atâta timp cât nu putem schimba ceva, are sens să ne agităm? Aduce asta vreun beneficiu cuiva?

Poate că în loc să ne stresăm, este de fapt un moment potrivit pentru o recapitulare a zilei, sau pentru un telefon dat cuiva drag, sau pentru o respirație conștientă... sau poate pur și simplu să admirăm capul haios al unui câine, scos pe geamul unei mașini.

Uneori la semafor, ne schimba și nouă brusc starea, de data aceasta într-un mod nedorit pentru că lătra dintr-o dată foarte tare când se apropia vreun cerșetor de mașină. Cu siguranță că el nu pe noi voia să ne sperie, ci pe cerșetor, încercând să-i transmită că nu are ce căuta lângă mașină. Doar cerșetorii și oamenii îmbrăcați cu anumite *uniforme* sau haine ciudate, erau singurii avertizați sonor de către Trust. Știa el de ce. Și o singură dată l-a avertizat pe un corpolent „naș" de tren căruia nu i-a convenit că Trust își cumpărase bilet…

Evenimentele se uită,
dar cum s-au simțit oamenii
în prezența ta, va rămâne cu ei.

Trust cel inimos

Într-o vară venind din Deltă de la pensiunea unor prieteni, am văzut pe marginea drumului un cățel care părea mort, dar care, în momentul în care mașina noastră trecea prin dreptul lui și-a mișcat capul. Am oprit să vedem dacă se mai poate face ceva pentru el. Părea lovit de o mașină. Nu avea vreo rană vizibilă, dar era foarte speriat și slăbit și nu se putea ține pe lăbuțele din spate. Ne-am dat seama că dacă rămâne pe marginea drumului în arșița soarelui, clipele îi sunt numărate.

Sperând că poate reușim să-l salvăm, l-am luat cu noi să-l ducem la un cabinet veterinar. Trust l-a primit cu drag în mașină lângă el. Era prima dată când avea coleg de banchetă un câine, până atunci avusese doar oameni. Am observat încă o dată naturalețea și curiozitatea cu care întâmpina Trust situațiile noi.

L-am dus la radiografie dar rezultatul a fost trist: avea o fractură de coloană care nu se putea opera cu succes. Ne-am hotărât să avem noi grijă de el până când o să-i găsim pe cineva care să-l îngrijească și să-l iubească așa cum era. Și pentru că în ochii lui se citea dorința de a trăi, i-am pus numele Hope adică Speranță. Avea mult dintr-un Cavalier King Charles Spaniel, talie mică, blană mai lungă, mătăsoasă, albă cu pete maro-roșcate. Una dintre pete, era în formă de inimă. Era un cățeluș adorabil.

Într-una din zile când ne întorceam acasă, o vecină — care nu era mare iubitoare de animale — ne-a întâmpinat uluită și ne-a spus că dacă nu ar fi văzut ea cu ochii ei, nu ar fi crezut vreodată că așa ceva poate fi adevărat. Ne-a povestit că a văzut cum Trust și Hope stăteau pe terasa apartamentului nostru și la un moment dat Hope a încercat să se târască spre vasul cu apă, dar nu a reușit să ajungă. Trust văzându-l cum se chinuie, a mers la vas și a început să-l împingă cu botul înspre el. A făcut asta cu atâta grijă, că a reușit să-l ducă fără să verse apa din el. A fost de-a dreptul uimitor să auzim asta! Ne-am dat seama că într-adevăr putem învăța de la animale despre omenie.

Nu era prima dată când Trust ne surprindea cu ceva greu de crezut, chiar imposibil pentru cei care nu au avut norocul să trăiască în preajma unui prieten blănos.

Odată, când o prietenă dragă care venise în București pentru operații la ochi stătea la noi, ne-a povestit entuziasmată ce a făcut Trust cât timp am fost noi plecați.

Cum stătea ea pe canapea, pansată la ambii ochi, a simțit pe mână mustățile și respirația lui Trust. Apoi, i-a simțit botul umed și rece atingând-o discret și lăsându-i ceva în mâna. Era o minge de tenis. Ea s-a bucurat așa de mult pentru că Trust se tot jucase înainte cu însoțitoarea ei, căreia îi punea mingea la picior. A început o partidă de aruncări, în care Trust a adaptat jocul, situației. Ea era fascinată de cum găsise Trust un nou fel de joc, la care putea și ea participa. Încerca să înțeleagă de unde știa Trust că ea nu poate vedea? Și cum a știut el să-i pună mingea de fiecare dată tot în mână, după ce ea o arunca? Și de ce la însoțitoarea ei i-o lăsa întotdeauna la picior, niciodată în mână?

Recunoaștem, că ne-a impresionat și pe noi felul lui Trust de a se adapta și de a interacționa diferit, în funcție de partenerul de joc. Ne-a arătat încă o dată că este o gazdă bună, care oferă fiecărui musafir ceea ce i se potrivește.

Ne mai arătase Trust cât de primitor este, când băiețelul de doi ani al vecinilor a venit să se joace cu el. L-am servit cu struguri albi fără sâmburi, dar el era interesat să-i bage strugurii în gură lui Trust. I-am spus că sunt pentru el, pentru că Trust nu mănâncă struguri, dar copilul a continuat să îi ofere. Trust văzând cât de mult își dorește copilul ca el să mănânce struguri, a început să ia câte un bob din mânuța copilului, spre bucuria acestuia. Văzând că aceasta aduce bucurie, a mâncat ditamai ciorchinele, bob cu bob. Fiecare bob luat de către Trust, declanșa o cascadă de râs în copil. Ziceai că avem un tonomat care funcționează cu struguri în loc de jetoane și melodia era râsul cristalin al băiețelului. Ne-am molipsit și noi de râsul lui, așa că a fost o vizită tare faină.

A doua zi la mic dejun i-am arătat struguri lui Trust ca să-i vedem reacția. S-a uitat la noi indignat, parcă spunând: *serios...? Nu v-ați dat seama că am mâncat doar ca să-l distrez pe copil?* Și într-adevăr, a fost prima și singura dată când Trust a mâncat struguri. După ceva vreme, când le-am povestit prietenilor noștri veterinari, ne-au spus că de curând s-a descoperit că strugurii pot fi toxici pentru câini.

Cu fiecare întâmplare în care Trust își arăta calitățile *umane*, înțelegeam mai mult că el simțea vibrația omului și aceasta nu-l înșela niciodată, vibrația nu minte. De aceea reușea să fie atât de empatic. *Mirosea* starea a omului și răspundea în funcție de aceasta.

Îl priveam de multe ori și ne ziceam: ce capodoperă a făcut natura când l-a făcut pe Trust, cred că s-a antrenat mult până a reușit să facă această perfecțiune. Nu am fi schimbat absolut nimic la el, nici măcar un fir de păr.

Hope a fost adoptat de către fratele Violetei și soția lui, o familie tare iubitoare. Cu ajutorul unui mic cărucior care-i susținea lăbuțele din spate, Hope reușea să fie cel mai rapid cățel. Veselia și determinarea cu care alerga era înduioșătoare și aducea multă bucurie. Pe lângă că era tare simpatic, felul în care se mișca transmitea voință și curaj. Era o adevărată inspirație în ceea ce privește bucuria de a trăi și pentru cei care treceau prin fața porții și îl vedeau. A mai trăit încă nouă ani, iubit de cei care l-au adoptat și de *Buni* a lui Trust — care acum devenise și a lui — de noi și de toți cei care i-au știut povestea.

Viața găsește întotdeauna căi noi de a trăi!

Trust în Ardeal

Mergeam des în Ardeal și bineînțeles de fiecare dată cu Trust. Nici nu știm dacă ne-ar fi primit fără el, atât de mult îl îndrăgeau!

Într-unul din aceste drumuri, într-o zi superbă de sfârșit de august, dorind să evităm aglomerația de la intrarea în orașe și pentru a vedea locuri noi, ne-am propus să alegem o rută nouă. Zis și făcut, căutăm și găsim o re-comandare ca drum alternativ pe harta de la Apple, drum care ni s-a părut interesant.

Pe lângă faptul că trecea pe lângă multe zone împădurite unde îl puteam plimba pe Trust în voie și evita drumul aglomerat, am fost surprinși să vedem că era și mult mai scurt ca și distanță. Era însă clar că nu va fi un asfalt prea neted.

Bucuroși de varianta găsită, urmăm drumul așa cum ne indica harta. La un moment dat, intrăm într-un sătuc în care timpul parcă stătea pe loc. Totul era de poveste, parcă neatins de tehnologie. Asfaltul se termina brusc și era înlocuit de un drum pietruit. La fel de brusc s-a oprit și semnalul la internet, fără a mai avea posibilitatea să cercetăm mai în detaliu harta.

Fascinați de acele meleaguri pitorești, departe de zarva marilor orașe și de graba de pe drumurile principale, tragem pe dreapta mașina cu intenția de a-l plimba pe Trust și pentru a putea admira mai bine peisajul.

Mai sus de noi era un mic grup de băieți care jucau fotbal. Câteva vaci străbăteau alene strada. Păsări de tot felul cântau o simfonie știută doar de ele, dar care putea fi ascultată de toți cei care își iau un mic răgaz. Mirosea a copt, un miros bogat, cunoscut și totuși parcă nou, parcă mai intens. Cu siguranță că venea de la strugurii copți ce stăteau și ei la soare pe bolțile din fața caselor. Parcă totul îți transmitea fără cuvinte:

**Viața e frumoasă,
ia-ți timp să o savurezi!**

Contemplarea ne-a fost însă curând întreruptă de o bufnitură. Un biciclist, ce pedala agale pe o bicicletă parcă dintr-un alt secol, trece pe lângă mașina noastră parcată, se uită mirat la capul lui Trust scos pe geam, ne depășește prin dreapta, mai merge câțiva metri, apoi se dezechilibrează și cade direct în șanțul de pe marginea drumului.

Sărim repede din mașină vrând să-l ajutăm să se ridice, dar el se ridică imediat ca un hopa-mitică.

Îl întrebăm:

— Sunteți bine...? Ce s-a întâmplat...? De ce ați căzut?

— Aaa..., păi cum să vă zic...nu mă așteptam să fiți aici!!....M-am uitat la mașină, m-am uitat la *câne* și până să-mi dau *sama* eram în șanț...*Apăi* n-am nimic, sunt călit. Nu-i prima și nici ultima trântă pe care o iau. Nu vă faceți griji pentru mine!

Ne spunem reciproc drum bun, el pleacă în continuare pe bicicletă, iar noi rămânem uluiiți și amuzați de răspunsul lui: nu mă așteptam să fiți aici!

Între timp, băieții care jucau fotbal în apropiere l-au văzut pe Trust și s-au apropiat curioși. În timp ce-l mângâiau și se jucau cu el, îi întrebăm pe cei mai mari dintre ei:

— Știți cât mai e până în prima localitate?

— Aaa, nu mai e mult!

— E aproape?

— Nu-i chiar aproape!

— Dar știți cam câți kilometri mai sunt?

— Sunt vreo câțiva!

— Deci e aproape!?

— Nu-i departe...!

— Dar e bun drumul?

— E buun!

— E din nou asfaltat!?

— Aaa nu, nu e!

Abia ne mai abțineam să nu râdem, mai ales că vedeam că și Trust care deși ascultase cu toată atenția dialogul, uitându-se când la noi când la fotbaliști, era la fel de nedumerit ca și noi. A fost o discuție tare haioasă și deloc utilă. Am plecat râzând mai departe, hotărâți să-i mai dăm o șansă traseului până în vârful colinei din fața noastră, vârf care marca și ieșirea din acest sat.

Dar, surpriză: nu numai că drumul nu era asfaltat, dar nu mai era nici măcar pietruit! Era un drum de pământ și nu se vedea nici o așezare în zare. Și de parcă această mirare nu era de ajuns, aproape de culmea colinei, venind din partea cealaltă, patru oameni împingeau la deal o mașină prăfuită.

Trust, care călătorea la geam cu capul ieșit afară, deși foarte atent la ce se întâmplă, tot nu înțelegea ce se apropie de noi. Semăna cu o mașină, dar nu făcea nici un zgomot și totuși se mișca... Venea agale înspre noi. Apoi a oprit pe culmea colinei. Având soarele chiar în spate, era ușor de confundat de către Trust cu vreun animal. Așa că stătea foarte alert ca *ciudatul animal* să nu facă vreo mișcare bruscă.

Parcă semăna cu o țestoasă uriașă: mașina prăfuită părea carapacea, iar oamenii care împingeau din laterale, păreau a fi picioarele uriașei țestoase. Și cum eram într-un loc nou, în mijlocul pustietății, te puteai aștepta la orice, mai ales când vezi prin ochii inocenți ai lui Trust...

Auzise el de la un Chihuahua care călătorise cu avionul în multe locuri exotice — fiind atât de micuț încât încăpea lejer într-un buzunar — că în Seychelles trăiesc țestoase uriașe.

Atunci crezuse că Chihuahua exagerează, că le văzuse atât de mari pentru că el este atât de mic, dar acum începea să-l creadă: *se pare că țestoasele sunt mici, dacă apa în care trăiesc este mică, așa cum sunt țestoasele cu care înot eu în fiecare zi în iazul meu din curte, dar devin gigantice când trăiesc în apă mare, cum este oceanul! Deci Chihuahua nu mă păcălise!* își spunea Trust promițându-și ca altădată să-l ia mai în serios pe Chihuahua chiar dacă e atât de mic că intră într-un buzunar.

Trust se simțea norocos că are printre prieteni și două țestoase, pentru că auzise că ele trăiesc sute de ani, iar asta însemna pentru el prieteni pe viață.

Când s-au apropiat și și-a dat seama că sunt oameni — deci tot prieteni de-ai lui — a început să dea din coadă bucuros.

Văzându-l pe Trust, cu capul lui auriu și *zglobiu* scos pe geam, cei care împingeau mașina s-au oprit brusc, iar aceasta mai, mai să o ia înapoi la vale, exact ca într-o comedie cu Louis de Funès.

— Să vă tractăm? ne oferim noi văzând situația.

— Aaa, mulțumim...*no acuma* nu mai e nevoie. *Amu* e ușor, noi o luăm înainte la vale și după pornește și ea!

După felul foarte încrezător în care ne spusese asta, ne-am dat seama că episodul se mai repetase.

— E bun drumul mai departe? întrebăm noi.

— E bun! spuse el.

— Dar nu sunt gropi mari?

— *Apăi* sunt.

— Cam câți kilometri sunt până la drumul asfaltat?

— *D-apăi* nu sunt mulți, noi *merem în tătă zâua.*

Tare lămuriți am fost și după această discuție! Văzând însă determinarea oamenilor de a urca acel drum cu o mașină care nu mergea tot timpul, ne-am hotărât să ne aventurăm și noi mai departe, mai ales că acum și la noi era simplu, o luam la vale.

Într-adevăr oamenii au avut dreptate: drumul nu a fost nici lung nici scurt, nici prost dar nici bun și localitatea următoare nu a fost departe, dar nici aproape.

Deși ajunsesem și noi să avem mașina super prăfuită, a meritat din plin excursia *înapoi în timp*. Faptul că am ales să încercăm un drum nou, a deschis posibilitatea să experimentăm ceva nou. A fost o aventură de neuitat, fără semnal la internet, dar conectați direct la inegalabilul umor ardelenesc.

Călătoriile cu Trust în Ardeal au fost tare faine. Viața ne-a surprins în diverse feluri și am trăit întâmplări care aveau să devină amintiri de neuitat.

Când e văzut cu ochi proaspeți,
momentul se deschide și viața apare diferit.

Adevăratul *acasă* nu e un loc anume,
e chiar în *inima* ta.

Aventurile lui Trust în Grecia

Încurcătura hazlie

Să-ți propui să vizitezi aproape toată Grecia continentală cu o mașină electrică poate fi o aventură în sine, iar când mai ai ca pasager și un labrador retriever, este clar că vei avea parte de multe peripeții.

A fost o alegere asumată, știam că Grecia nu are încă o infrastructură pentru încărcarea rapidă a mașinilor electrice, dar ne-am zis că nu ne grăbim nicăieri și în plus de mult ne doream să vedem mai multe locuri din acea regiune.

Planul era să facem în fiecare zi distanțe mai mici decât eram obișnuiți, să ne bucurăm de minunata priveliște a locurilor pe care le vom străbate, iar peste noapte să încărcăm mașina la hotelurile la care vom înnopta.

Destinația finală a excursiei era Pelion, unde urma să ne întâlnim cu prietenii noștri și să petrecem o perioadă mai lungă împreună. Și bineînțeles să-l sărbătorim pe Trust de ziua lui așa cum se cuvine să fie sărbătorit un labrador, adică la malul mării.

În Septembrie, marea azurie este caldă și îmbietoare, iar peisajele sunt spectaculoase. Drumul nostru șerpuia pe lângă coastă, într-o parte aveam muntele, iar în cealaltă marea. Totul era absolut perfect, nu ne puteam dori ceva mai mult, iar Trust era super fericit și uimit că putea înota la fiecare popas.

Avantajul de a călători în această perioadă a anului este că nu ai nevoie de rezervare făcută în prealabil. Trecuse vârful de sezon, iar asta ne oferea libertatea de a sta o noapte sau mai multe într-un loc, în funcție de cât de mult ni se potrivea, nefiind condiționați să ajungem undeva anume în ziua următoare. Singura rezervare pe care o aveam era în Pelion.

Pornisem mai devreme cu câteva zile față de restul grupului cu care urma să ne întâlnim, așa că aveam timp să descoperim locuri faine în care poate altă dată să revenim. Alegeam bineînțeles doar hoteluri care primeau cu animale de companie, ca și în cazul acestui hotel la care urma să ne cazăm chiar acum. Era a doua cazare de când ne începusem aventura din Grecia.

În primul loc unde înnoptasem, Trust a fost primit cu drag, mașina a primit curent electric, iar noi am fost răsfățați cu mâncare grecească savuroasă și cu o cameră din care se vedea Muntele Olimp. A fost o experiență foarte interesantă să ai în față marea și la câțiva kilometri în spate legendarul Munte Olimp. Ne-am propus să mai revenim și să explorăm cum se cuvine zona, pentru că este într-adevăr impresionantă.

Plecând de acolo pe răcoarea dimineții, am ajuns cu puțin înainte de ora prânzului la următorul hotel din itinerariul nostru. Era o zi neașteptat de caldă pentru acea perioada a anului, așa că primul lucru pe care l-am făcut a fost să găsim o zonă cu vegetație unde să-l plimbăm pe Trust, după care ne-am așezat pe terasa umbroasă și răcoroasă a hotelului, așteptând să se facă ora de cazare.

Am folosit timpul de așteptare căutând pe internet următorul hotel la care vom înnopta, care să se potrivească ca distanță autonomiei mașinii noastre. Adică să nu fie nici prea aproape — pentru că mai aveam cale lungă de mers până în Pelion — dar nici prea departe ca să putem ajunge direct, fără o altă încărcare. Uneori găseam imediat, alteori căutam mai mult. Dar știam de la Trust că în viață **dacă vrei să găsești ceva, trebuie să cauți suficient de mult și acolo unde trebuie.** Așa că nu ne pierdeam niciodată speranța.

Când se face ora de cazare, mergem la recepție să luăm cheia. Trust intră curios să exploreze noul loc, dar cum dă de răcoarea plăcută a aerului climatizat se tolănește și lasă explorarea pe mai târziu. Se mai și jucase cu multă lume, așa că era binevenită o siestă.

Recepționera se uită la el, și ne spune speriată:

— Nu are voie în hotel!

— Cum?! întrebăm noi mirați. Dar pe site

scrie că e un hotel *pet friendly* (prietenos cu animalele de companie), pentru asta l-am ales.

Ne uităm nedumeriți la ea.

Ea insistă:

— Un *pet!* și ne arată sticla ei de apă.

Nu înțelegeam ce vrea să zică prin asta... Deodată ne dăm însă seama că ea prin cuvântul *pet* se referă la ceva de dimensiunea unui PET (sticlă de plastic).

Prima dată am crezut că glumește, dar imediat ne-am dat seama că e foarte serioasă. Trust trebuia să fie mic cât un PET, ca să poată intra într-un hotel mare. Și cum era imposibil să-l micșorăm pe Trust și neavând chef să ne stricăm buna dispoziție, am ieșit pe terasa restaurantului să servim masa și între timp să căutăm pe internet un hotel cu adevărat *pet friendly.*

În timp ce așteptam mâncarea, ne întrebam dacă camerele acestui hotel chiar sunt atât de frumoase precum le văzusem pe site când făcusem rezervarea și ne hotărâsem să ne abatem un pic de la drumul nostru ca să stăm o noapte aici. Așa că, eu Cristi, eram curios să văd o cameră. M-am dus la recepție și mi-au dat o cartelă.

Când deschid ușa văd camera luxoasă, draperiile semi-trase, pe măsuța dintre fotolii o sticlă de șampanie lângă un coș cu fructe, iar patul matrimonial se vedea doar parțial, **ca și bărbatul dezbrăcat care era întins în el cu fața în jos!!!**

Nu-mi venea să cred ce văd în fața ochilor! Din poziția în care era, nu avea cum să mă vadă și pentru că nu s-a ridicat surprins, mi-am dat seama că nici nu auzise că ușa camerei se deschisese. Crezând că am greșit camera am ieșit tiptil, trăgând încet ușa după mine. Am răsuflat ușurat când am verificat numărul de pe cartela și numărul de pe ușă: era același!

M-am dus direct la recepție, unde între timp sosise și patroana hotelului. Le înmânez cartela spunându-le direct:

— **E un bărbat în pielea goală în cameră !**

S-au blocat pur și simplu.

Se uitau încremenite una la alta sperând că poate n-au înțeles bine, ținând cont că vorbeam în engleză. Le-am asigurat că au înțeles bine:

— **E un bărbat gol în cameră !!!** am exclamat eu pe un ton foarte convingător.

Rușinate și încurcate, nu știau cum s-o mai scoată la capăt. Agitate, roșii la față, vorbeau între ele repede în greceşte gesticulând de zor. Eu mă amuzam tare în sinea mea, dar încercam să mă abțin, curios de ce-o să-mi zică. Poate astea erau regulile casei, Grecia fiind de regulă asaltată de turiști străini, te poți aștepta la orice...

Și-au cerut mii și mii de scuze... și ca să se revanșeze, patroana ne oferă un apartament de lux și are marea rugăminte de a uita nedoritul incident. Recepționera încercând să evite o altă gafă, îi atrage atenția patroanei că avem cu noi un câine mai mare decât un PET!

— Ce câine? Labradorul de pe terasă?... Trust? întreabă ea devenind deodată veselă.

— Da, el! răspund mirat că-i știe numele.

— Tocmai l-am cunoscut și m-am jucat cu el. E adorabil!

Așa că, într-un fel neașteptat, totul s-a schimbat brusc. De la a nu fi primiți cu Trust în hotel — pentru că era mai mare decât un PET — la a fi cazați în cel mai luxos apartament cu o terasă mai mult decât generoasă, pe care Trust să se lăfăie în tihnă.

A fost interesant să observăm, că dacă am fi plecat imediat de acolo nemulțumiți de refuzul recepționerei, ar fi fost imposibil să ne bucurăm acum de ceea ce viața în mod neașteptat a adus.

Peste puțin timp, Trust care-și rătăcise mingea și luase în locul ei un PET de pe terasă, trecea triumfător prin fața recepției dând din coadă și ținându-l mândru în gură.

E clar! Înțelesese el ceva din toată tărășenia asta și cum știa că recepționera nu-și dorea un câine în hotel, ci doar un PET, i-a adus unul.

Momentul pur și simplu apare,
iar reacția noastră închide sau deschide
posibilitățile pe care le putem trăi.

Explorăm cu Trust meleaguri străvechi

De fiecare dată când ajungeam cu Trust într-un loc nou ne aminteam cu drag vorbele unui prieten: „vă dați seama că Trust a văzut mai multe țări decât mine?!". Așa a fost și când am ajuns la platanul uriaș din Pelion, posibil cel mai bătrân și mai mare arbore din Europa. Trust arăta chiar ca un Chihuahua sub uriașul platan.

Se vedea că venerabilul platan trăia în tihnă și-i pria viața din plin, crescuse armonios în ritmul lui natural, fără să se grăbească să ajungă mai sus. La umbra lui atât de generoasă, drumeții se opreau să își tragă sufletul într-un moment de contemplare. Legenda spune că în trecut oamenii testau locul sădind un platan și dacă el se prindea era considerat un loc prielnic pentru o așezare.

Am înțeles privind acest uimitor platan, de ce marele arhitect spaniol Antoni Gaudí a avut platanii ca sursă de inspirație când a proiectat Sagrada Familia, simbolul Barcelonei.

Dar acum eram curioși ce va face Trust, cum va aborda marcarea gigantului platan. Credem că era pus în dificultate, nu știa exact dacă intră la categoria copaci sau la categoria case, că pe lângă faptul că era mare cât o vilă, mai avea și un stâlp de piatră care îi susținea un *braț*. Așa că Trust stătea uimit și-l privea nevenindu-i a crede ceea ce vedea. Parcă își spunea: *acum n-o să mă creadă Chihuahua pe mine când o să-i spun c-am văzut un copac uriaș. Dar dacă nu mă crede, n-are decât să se uite pe pagina mea de Instagram!*

Cu câteva zile înainte, mai fusesem fascinați și noi și Trust, atunci când am ajuns pentru prima dată într-o plantație de bumbac. Nici nu știam că în Grecia se cultivă și bumbac. Florile de bumbac vesele, de un alb imaculat, stăteau grațioase îndreptate spre soare. Trust era foarte curios ce fel de mingi sunt acestea, atât de multe, atât de pufoase și de moi. Nu mai văzuse nimic asemănător.

După această fascinantă oprire, plecăm din Pelion spre munții Pindului, intenționând să oprim o noapte la Metsovo. O prietenă care venise des în regiune, ne-a recomandat o cazare bună la un amic de-al ei. Suna bine, era un eco-boutique hotel, așa că am pornit într-acolo.

În Metsovo, ca în multe alte așezări străvechi din munți, în afară de drumul principal, restul drumurilor sunt foarte înguste. Ne-am strecurat noi cu mașina până am ajuns în fața cochetului hotel și vrând să parcăm am văzut un intrând care cobora spre subsol. Trust se uita mirat pe geam spunându-ne din priviri: *oare unde intrăm? Încăpem pe aici? De pe geamul meu se simte zidul foarte aproape, îl ating cu mustățile, mai bine îmi trag repede capul înăuntru!*

La foarte scurt timp, coboară chiar patronul hotelului, care ne aștepta să sosim. I-am sesizat surprinderea când ne-a văzut și-am crezut că prietena noastră nu-i spusese că avem cu noi un labrador. Dar nu, nu despre asta era vorba, căci imediat a început să-l mângâie și ne-a întrebat cum îl cheamă. Acum că prezentările fuseseră făcute, aflăm și de ce era surprins:

— E pur electrică mașina?? E prima dată când văd una în realitate!

Când află că da, este nerăbdător să o parcăm și să intrăm ca să ne întrebe mai multe. Noi eram curioși cum vom mai scoate mașina de acolo, asta bineînțeles în eventualitatea că vom reuși să intrăm până în parcare printre zidurile de piatră atât de apropiate și să trecem cu bine de curba în pantă.

Așa că începe aventura coborârii la subteran. Deodată ne face semn să oprim. Până să realizăm ce se întâmplă, mașina începe să se rotească pur și simplu, noi rămânând ca niște spectatori surprinși.

Și mai surprins era Trust, căruia îi vedeam fața în oglindă: se holba intrigat și mirat la mașina noastră care se rotea și nu înțelegea ce se întâmplă. În viața lui de câine nu văzuse o tărășenie ca asta!

Era o rampă rotativă chiar la intrarea în inedita parcare subterană. Îți învârtea mașina până în dreptul locului de parcare. La un moment dat, gazda noastră apasă pe butonul de oprire și face semn că putem parca, în singurul loc în care aveam acces din acea poziție. Am fost plăcut impresionați de ingeniozitatea cu care transformase un spațiu greu accesibil de la subsol într-o atât de necesară parcare.

El se uita la mașina noastră electrică ca și la un OZN și aștepta să afle mai multe. Când i-am cerut acces la o priză, a fost de-a dreptul uimit. Nu credea că se pot încărca de la o priză normală. Era convins că visul lui de a avea mașină electrică în Grecia se va putea îndeplini abia după mulți ani, când se vor pune stații de încărcare speciale.

Își dorea mult o mașină silențioasă și care nu poluează pentru că îi plăceau lucrurile ecologice, așa cum ne dădusem seama și din denumirea hotelului. Și în plus, să poată să-și încarce mașina în propriul garaj, fără să mai fie nevoit să meargă la stațiile de carburant pentru care trebuia să treacă pe partea cealaltă a muntelui, era chiar de necrezut.

Discuția a continuat dimineață, la savurosul mic dejun cu produse ecologice locale. Noul nostru amic era curios să coborâm la mașină să vedem dacă chiar s-a încărcat. Când vede că încărcarea funcționase perfect, ne spune:

— Știți...toată noaptea m-am gândit ...să nu râdeți de ce-o să vă întreb... n-ați vrea să-mi vindeți mie mașina?? Îmi place tare mult și mi s-ar potrivi perfect aici...

Nu apucă să continue că ne-a bufnit râsul pe amândoi. Ne-a venit în minte imaginea păstorului de la Meteora, care acum câteva zile a vrut să-l cumpere pe Trust! Iar acum primeam ofertă și pentru mașină. Bine că nu l-am dat pe Trust, că așa putem pleca călare pe el cu bagaje cu tot!

Știam noi de abilitățile comerciale ale locuitorilor acestor meleaguri, dar nu ne așteptam să-și dorească să ne cumpere și câinele și mașina, și asta la o ședere atât de scurtă. A râs cu poftă când i-am povestit că avusesem o ofertă de cumpărare și pentru Trust.

Imediat ce-am ieșit din parcarea buclucașă, Trust a sărit repede în mașină, nerăbdător să pornim la drum. Părea tare bucuros că n-am vândut-o și că nu trebuie să facem tot drumul până acasă pe jos și cu bagajele în spinarea lui. Că e el mare și încăpățânat uneori, dar totuși nu-i catâr!

Întâmplările așa-zis mărunte,
nu sunt deloc mărunte.
Ele dau culoare și savoare vieții.

Trust și Meteora

Alesesem să încheiem vacanța din Grecia cu două zile mai liniștite la Meteora. Rezervasem un hotel bun cu priveliște directă spre Meteora, *pet friendly* și care spre surprinderea și bucuria noastră avea și stație de încărcare pentru mașini electrice. Era pentru prima dată când la un hotel din Grecia scria aceasta pe site. Entuziasmați că vom merge la Meteora am pornit la drum, iar Trust simțindu-ne bucuria era foarte curios unde vom ajunge de data aceasta.

Am străbătut întinsa câmpie a Tesaliei până când au început să se vadă din nou munții. Și chiar când ne apropiam de Kalambaka, deodată în fața noastră zărim în lumina specială a apusului impresionanta Meteora. Era de-a dreptul fascinant.

Am oprit mașina pentru a contempla acel peisaj nemaiîntâlnit. Razele apusului dezmierdau tot locul și luminau mănăstirile aflate de sute și sute de ani acolo sus pe creste. Am înțeles atunci de ce locul face parte din patrimoniu mondial UNESCO.

Toate acele minunății ale naturii, stând semețe și neclintite, privind parcă din eternitate ca un martor tăcut al curgerii timpului, timp ce poartă cu el schimbarea: civilizațiilor, credințelor, convingerilor și obiceiurilor umane.

Păreau că veghează totodată și așezările de la poalele lor. Ne-am continuat încântați drumul. Abia așteptam să ajungem ca să putem contempla pe îndelete, în culorile amurgului, aceste minunății, să încercăm să pătrundem tainele acestor locuri.

Urmând traseul spre hotel de pe harta Google, intrăm la un moment dat pe un drum neasfaltat, care urca șerpuind o colină înaltă, printr-o pădure de liane. Drumul era foarte accidentat, ca și cum o mare viitură îl spulberase și ne miram cum un hotel așa de bun cum îl văzusem pe site are un astfel de acces. Ne gândeam că poate am greșit drumul, dar harta ne arăta că suntem pe drumul bun deși părea că ajunsesem pe o altă planetă având în vedere peisajul din jurul nostru. Așa numitul drum trecea printre mici Meteore la care Trust se uita curios, întrebându-se oare ce or fi acestea?

Ajungem până la urmă în vârful colinei, unde în loc de hotel era doar un platou pustiu, cu excepția unei stâne în fața căreia stătea un păstor cu oile sale, oi care semănau mai mult cu niște capre, deși nu erau capre.

Ciudat însă, nici urmă de hotel, deși harta arăta că e acolo. Vrem să refacem căutarea dar realizăm imediat că aici nu mai există semnal. Deveneam convinși că o luaserăm pe un drum greșit, deși hartă susținea contrariul.

Colac peste pupăză, bateria electrică a mașinii ne indica faptul că suntem pe rezervă. Deci era clar că nu mai puteam continua aventura în necunoscut.

Păstorul rezemat în *cârlibana* lui ne privea zâmbind. Zâmbetul lui transmitea mai mult satisfacție decât surprindere. Pesemne că se distra că ne rătăcisem pe acolo, gândim noi. Aproape nimerisem: se amuza de câți turiști se rătăceau pe acolo căutând acest hotel. După ce ne salutăm și intrăm în vorbă, ne spune mai în glumă, mai în serios:

— Aș fi mult mai câștigat să transform stâna într-o pensiune agro-turistică, la câți turiști au ajuns pe aici vara asta căutând acest hotel...

Dar el era prea obișnuit cu oile lui și nu voia bătaie de cap. În timp ce noi discutam, Trust se împrietenise deja cu oile și le studia de aproape foarte curios: *ciudate oi* — părea că zice și Trust — *nu seamănă deloc cu prietenele mele din zona Bran. Parcă au fețe de capră.*

Și noi ne uitam în continuare curioși la ele...ce fel de lapte dau dacă arată exact ca oile dar au fața de capră? E clar, ele sunt secretul faimoasei brânze feta. Deși grecii zic întregii lumi că delicioasa brânză feta e obținută din lapte de oaie și lapte de capră, nimeni nu a mai reușit până acum să facă o brânză feta așa de bună ca și a lor. E clar, oile astea cu *fețe de capră* trebuie să fie secretul. Cu siguranță că ele dau direct lapte feta!

În acest timp, păstorul se uita și el curios la Trust, nu-i venea să creadă ce bine se împăca nu doar cu oile ci și cu câinii lui. Ne-a întrebat dacă avem o țigară, i-am spus că nu fumăm. Ne întreabă ce rasă e câinele, că e primul câine *străin* de care oile lui nu sunt deloc speriate.

— Labrador retriever englez, îi spunem noi mândri.

Auzise el de rasa asta, dar nu văzuse niciodată un labrador. Deodată ne spune:

— Eu am multe oi, n-ați vrea să mi-l vindeți mie că tare bine mi-ar prinde un ajutor?

Noi, care abia ne abțineam să nu râdem, l-am întrebat câte oi ne dă pe el și dacă are mai multe decât cele de acolo.

Dar și-a dat seama că glumim, și-a zis râzând:

— Păi dacă vă dau toate oile mele, la ce-mi mai trebuie încă un câine?!

Ne-am binedispus cu toții, iar Trust era cât pe-aci să-și afle valoarea în oi.

Atât de faină a fost întâlnirea cu păstorul, încât în acele minute nu ne-am făcut absolut nici o grijă dacă ne va ajunge bateria mașinii să ne întoarcem la civilizație. Telefonul mobil era și el complet nefolositor pentru că nu mai avea semnal, iar de internet nici nu mai era vorba. Partea bună era că înapoi spre drumul principal aveam numai de coborât, deci bateria mașinii urma să se mai încarce. Ceea ce s-a și întâmplat, iar computerul mașinii a recalculat autonomia. Când am revenit la drumul european, am răsuflat ușurați.

Mergând acum din sensul opus, am văzut un indicator discret din lemn în formă de săgeată care semnaliza hotelul. Am urmat indicatorul și am ajuns în scurt timp.

Era într-adevăr un hotel nou, frumos și chiar avea o priveliște splendidă spre Meteora. În jurul lui nu se afla nici o altă construcție, iar toată colina era plină de viță de vie și de măslini, iar în curte erau smochini și hortensii. Era într-adevăr feeric.

Am pus mașina la încărcat în locul special amenajat și am intrat în hotel. Le-am spus pățania noastră. Și-au cerut mii de scuze. Știau de localizarea greșită de pe hartă, de la alți clienți care pățiseră la fel și ne-au spus „că au scris la Google dar nu au primit nici un răspuns." Ne-am oferit să-i ajutăm să corecteze poziția pe hartă și au fost foarte recunoscători. Nu știau că era așa de simplu, că ar fi făcut-o de la deschidere.

Era neplăcut să audă de la clienți că au ajuns cu mașina în mijlocul pustietății. Și dacă mai ești și cu o mașină electrică cu bateria aproape goală neexistând nici semnal la telefon, poate fi de-a dreptul provocator. Dar eram primii cu o astfel de mașină care ajunseseră la abia inauguratul hotel, ne asigură patroana.

Urcăm noi bucuroși că în sfârșit vom putea face un duș după toate peripețiile din acea zi călduroasă. Dăm drumul la apă, dar la scurt timp apa nu mai era caldă...curgea doar apă rece. Mai așteptăm, dar apa caldă tot nu venea.

Sunăm la recepție, având așteptări de la un hotel nou de 4 stele, iar recepționera ne spune:

— Ne cerem scuze, dar avem o problemă. S-a întâmplat ceva și centrala de apă caldă a rămas fără curent. Dar se rezolvă acum, că ne-am dat seama de unde a pornit problema:

de la stația de încărcare a mașinilor electrice.

Așa de bine am râs de comicul situației, adică trebuia să coborâm să scoatem mașina din priză ...ca să funcționeze dușul?!

În tot acest timp, Trust care nu avea nici una din aceste probleme stătea liniștit pe terasă și contempla Meteora. Spre bucuria noastră, la scurt timp ne-am alăturat și noi. Apa caldă revenise, pentru mașină ne-au oferit o altă priză, așa că totul intrase în normal.

Am stat toți trei recunoscători, pe terasa camerei noastre, privind fascinați cum lumina caldă a amurgului scălda acest tărâm de poveste. Meteora parcă ne șoptea fără cuvinte cum e să dăinui peste timp rămânând statornic, ca un martor care privește tăcut toate schimbările vremurilor, știind ce e cu adevărat important în goana civilizațiilor.

Am rămas până târziu în acea seară. Simțământul de statornicie și de plinătate pe care-l trăiam, era de fapt al propriei noastre ființe. Meteora avusese doar rol de oglindire pentru ceva ce era deja în noi.

Când gândurile noastre nu au mai alergat spre trecut sau viitor, spre una sau spre alta, am fost prezenți cu totul acolo. În acea prezență și cu acea claritate am putut reflecta împreună la ce este cu adevărat important în viață. A fost o seară în care am aflat mai multe despre ce înseamnă cu adevărat să fii ființă umană, cât de prețios și unic este acest dar minunat.

Ne-am dat seama că și în viața noastră de zi cu zi, de atâtea ori apăreau momente, când privind în ochii puri, profunzi și inocenți ai lui Trust, aceștia aveau același efect de oglindire pentru noi, precum avea acum Meteora. Deschideau într-un mod magic accesul spre suflet. Ne conectau mai profund cu căldura și claritatea care sunt mereu prezente în adâncul nostru, unde nimic nu există separat, nimic nu are existență de sine stătătoare. Singurul loc unde întotdeauna găsim ceea ce căutăm cu adevărat, ceea ce contează, ceea ce nu se schimbă de-a lungul vieții noastre, ceea ce dăinuie în mijlocul schimbării. Aici găsim acea cunoaștere lăuntrică de care avem atât de mare nevoie pentru a ne ghida în sacra călătorie a Vieții.

E bine să ne reamintim cât mai des,
cât de prețioasă este viața pe care o avem.

Vine o vreme

Minunatul labradorul retriever Trust împlinea zece ani și era sărbătorit unde alt undeva decât la mare, pentru că atunci când spui labrador spui și cel mai mare iubitor de apă și un excelent înotător. Nu degeaba au degetele de la lăbuțe unite prin membrane ca și rațele, iar coada lor mare și groasă are rolul de cârmă în timpul înotului. Strămoșii lor, ajutau pescarii trăgând la mal năvoadele cu pește. Erau de mare ajutor fiind puternici, buni înotători și de asemenea foarte harnici. Vor întotdeauna să își ajute stăpânii, să le fie de folos și să știe că sunt parte din echipă.

De data aceasta alesesem un golf liniștit din zona Balcic, pentru a avea un drum mai scurt cu mașina, să-i fie mai simplu lui Trust care avea o vârstă onorabilă în ani de câine. Umbla deja mai încet, iar plimbările zilnice erau cu multe popasuri. Era ca și cum căra cu el toate amintirile pe care le-a trăit. Și erau multe, pentru că a avut o viață trăită din plin.

Deși stăteam într-un apartament chiar pe malul mării, drumul până la plajă era o adevărată drumeție pentru el. Când intra însă în mare totul se schimba: marea, prietena dintotdeauna a lui Trust, îi prelua toată greutatea, iar el era din nou ușor, sprinten și vioi.

Se putea citi în strălucirea din ochii lui că se simțea din nou tânăr, zglobiu și liber de povara anilor. Se simțea susținut de mare ca de cineva de încredere, înota cu ușurința cu care altădată alerga. Uneori se lăsa pur și simplu în voia ei, iar ea îl ducea puțin în larg, după care îl aducea în apropierea malului, și tot așa. Era un dans frumos între ei. Cu siguranță marea îl îndrăgea mult pe Trust, pentru că a rămas caldă, calmă și liniștită toată perioada cât am stat noi acolo. Era atâta bucurie pe fața lui când era în apă, că ne-am mai prelungit șederea.

Într-una din zile, a venit la noi un pescar din zonă și ne-a întrebat dacă poate să-l mângâie pe Trust. Eram obișnuiți cu asemenea întrebare, pentru că o auzeam des. Pescarul se uita cu mult drag la el și îl mângâia cu blândețe. La un moment dat am observat că avea lacrimi în ochi. Ne-a spus că de puțin timp a *plecat* labradorul lui care i-a fost companion zece ani. Ne-a întrebat câți ani are Trust și cu un nod în gât i-am răspuns că tocmai a împlinit zece.

În ziua următoare, în drumul nostru spre mare, ne-am întâlnit cu un cuplu mai în vârstă care se plimba cu un caniș. Văzându-l pe Trust s-au apropiat de noi. În timp ce canișul socializa cu Trust, ei ne-au povestit că avuseseră și ei un labrador care la scurt timp după ce împlinise zece ani s-a îmbolnăvit și a murit. Ne-au sfătuit ca atunci când se va duce Trust să nu facem greșeala să așteptăm să treacă nu știu cât timp până când vom lua un alt câine. Ei au făcut asta și le-a rămas regretul lor cel mai mare.

Abia după cinci ani au luat canișul, dându-și seama că s-au privat atât de mult timp de bucuria de a trăi cu un astfel de prieten. „Au fost cinci ani irosiți din viața noastră, să nu faceți ca noi…" ne-au spus ei.

Am simțit sinceritatea cu care ne-au povestit și ne-am dat seama cât adevăr poartă în ea această înțelegere a lor. Ne-am promis că atunci când va veni vremea, o să ținem cont. În locul unui cățel care pleacă, rămâne multă iubire și iubirea nu poate fi oprită, iubirea trebuie să meargă mai departe…

E atât de bine când reușim să învățăm
din experiența semenilor noștri,
fără a face aceleași greșeli.

În loc de final

Există mitul că pisicile ar avea șapte vieți. Nu știm sigur cum e cu pisicile, dar știm că unii labradori pot avea trei vieți. Cel puțin așa a fost cu Trust. Sau cel puțin așa am simțit noi fiecare reîntoarcere a lui, ca o nouă viață, ca o nouă șansă de a mai trăi frumos împreună, de a ne mai bucura de năzdrăvăniile lui, de a mai aduna niște amintiri de neuitat și înțelegeri despre mereu surprinzătoarea Viață.

Am simțit asta prima dată în perioada descrisă în capitolul „Un Crăciun cu peripeții".

Nu știam dacă-l vom mai vedea vreodată. Dar viața a fost generoasă și ne-am regăsit, a fost ca o nouă Viață. Și chiar dacă a fost îngrozitor de dureros pentru noi, după ce teama a trecut, am putut vedea cum totul a dus la ceva minunat, reîntoarcerea lui Otto acasă.

Am văzut astfel din nou, cum **în viață nimic nu este separat, totul face parte din același întreg.**

Următoarea dată, a fost când de la o mușcătură de căpușă a făcut babesioză, iar la clinica veterinară din Constanța — unde eram când s-a simțit dintr-o dată rău — ni s-a spus: „ați venit prea târziu." Ni s-a spus asta pe un ton care sugera că Trust era deja mort. Din fericire, nu a fost așa. Am pilotat până la București și am mers la doctorul lui veterinar. Acesta împreună cu soția lui, cu multă dăruire și pricepere au făcut tot ce au putut să-l salveze chiar dacă șansele erau foarte mici. Și pentru că Trust era atunci un tânăr cățel care iubea mult viața, au reușit. Le suntem foarte recunoscători.

Găseam întotdeauna în prezența lui liniște și iubire. Chiar dacă îi ofeream tot ce avea nevoie, nu simțeam că noi avem grijă de el, ci mai degrabă invers. Dimineața avea grijă să ne trezească cu multă bucurie, își întindea vesel coloana, iar privirea lui spunea haideți și voi pe covor la gimnastica de dimineață. Ne scotea cel puțin la două plimbări lungi, una în care să ne bucurăm de prospețimea dimineții, iar cealaltă seara, să admirăm culorile superbe ale apusului de soare. Nu ne lăsa niciodată să stăm supărați mai mult de câteva secunde și ne amintea mereu să ne recompensăm cu un mic răsfăț. Iar faptul că ne privea cu atâta drag și respect, că avea atâta încredere în noi, ne obliga într-un fel irezistibil să ne prețuim, să avem grijă de noi și de dragul lui. Iar asta a contat enorm.

A fost un adevărat exemplu în ceea ce privește prețuirea Vieții. Felul în care Trust și-a trăit viața a fost și va rămâne o inspirație în ceea ce privește o viață bine trăită pentru că el a știut, așa cum zicea marele scriitor Mark Twain **„să dea șansa fiecărei zile să fie cea mai frumoasă din viața lui."**

Trust *a plecat* liniștit, în somn, chiar în ziua în care îndrăgita actriță și marea iubitoare de animale Betty White împlinea 99 de ani. În timp ce editam această carte, a plecat și Betty, cu puțin timp înainte să împlinească 100 de ani. Faptul că oameni din întreaga lume au considerat că ea a murit prea devreme (la 100 de ani!), este dovada vie a unei vieți trăite frumos.

„Odată ce ai avut norocul de a împărtăși o adevărată poveste de dragoste cu un golden retriever, viața și felul în care vezi lumea, nu mai sunt niciodată la fel."

~ Betty White

Am sperat tot timpul că o să mai petrecem câteva veri frumoase împreună și că o să mai colindăm câteva țări și câteva mări, dar viața se întâmplă așa cum se întâmplă, nu cum plănuim noi oamenii... Trust trăiește acum în inima celor care l-au iubit și continuă să aducă zâmbete prin frumoasele amintiri lăsate în urma lui. Iar în inima noastră, Trust e la fel de viu cum a fost întotdeauna.

În încheiere, redăm frumoasele cuvinte rostite din inimă de către dragul nostru prieten, Viggo Johansen. Îl știa pe Trust de când era puiuț. Aveau un joc doar al lor, în care se alergau și se distrau bine împreună. Se vedea cât de mult îl iubește pe Trust și Trust pe el. A fost printre primii pe care i-am anunțat că Trust a plecat. L-am simțit ca întotdeauna alături de noi. Ne-a spus cu sinceritate: „aș putea să plâng, dar când știu ce viață fantastică a avut Trust, pot doar să mă bucur pentru tot ce ați trăit împreună!"

Era așa de mult adevăr în aceste cuvinte, încât le-am simțit ca o sabie care a tăiat norul de durere care ne cuprinsese și a lăsat să pătrundă lumina adevărului. Au avut un mare impact, în noi, pentru că transmiteau ceva adevărat, iar adevărul are puterea de a ne salva și elibera. Trust a trăit o viață minunată și e bine să nu uităm vreodată asta.

Am simțit în toți acești ani cum ochii lui mari, curioși și strălucitori care ne priveau constant, erau ca o cameră video care transmitea undeva în Conștiință despre viața pe care el o vedea. Și asta ne făcea să fim mai atenți cum trăim timpul nostru, care este limitat. Era ca un martor tăcut care-ți transmitea fără cuvinte:

te văd, te iubesc, sunt aici cu tine,
nu ești niciodată singur.

Trustisme
~ aforismele lui Trust

Trustismele sunt înțelegeri pe care Viața, în felul ei surprinzător, ni le-a dezvăluit prin interacțiunea noastră cu Trust. Este aproape incredibil cum un câine îți poate reaminti ce înseamnă cu adevărat omenia.

A reușit să-și păstreze calități importante și vitale, pe care noi oamenii în graba noastră de zi cu zi, le-am tot ignorat, până când am ajuns să nu le mai găsim și să le ducem dorul.

Am ajuns să ne fie dor să trăim în tihnă, să ne luăm timp să ne bucurăm de prezența celor de lângă noi și să trăim cu recunoștință și cu bucurie că suntem împreună în călătoria Vieții.

Trust ne-a vorbit fără cuvinte, în felul lui simplu și expresiv, despre prietenie, respect, loialitate, demnitate, răbdare, sinceritate și despre curajul de a te arăta așa cum ești. A zis aceasta foarte frumos laureatul premiului Nobel pentru literatură, Orhan Pamuk: „Câinii chiar vorbesc, dar numai pentru cei care știu cum să asculte."

Ne-a transmis și cât de important este să fii o prezență calmă, iubitoare și tăcută, lângă cineva care trece prin momente mai grele.

Trustismele sunt înțelegeri care devin din ce în ce mai prețioase pe măsură ce reușim să le trăim mai constant în viața noastră de zi cu zi. Văzând că pentru noi chiar funcționează și contribuie mult la felul în care percepem și experimentăm viața, ne-am hotărât să le împărtășim. Cine știe, poate va mai fi cineva curios să le testeze.

Să fii tu însuți, este destul.

Avem întotdeauna tot ce avem nevoie
pentru acest moment.

E bine să faci cu toată inima ceea ce faci,
pentru că altfel e timp irosit și
nimeni nu are așa ceva.

Indiferent de vreme și de vremuri,
fiecare zi e o zi bună pentru ceva.

A face ce ai de făcut și a te odihni,
sunt două lucruri la fel de importante.

Nu aștepta ca așa numitele
momente speciale să te împlinească.
Faptul că trăiești, e destul de special.

Toate faptele noastre au consecințe.
E bine să mergem cu atenție prin viață.

Când ești obosit ai voie să te odihnești,
fără să te simți vinovat că ai atâtea de făcut.

Respectă ritmul vieții.

Trebuie să ai grijă de tine mai întâi,
ca să poți avea grijă de ceilalți.

Unii vor confunda
blândețea ta cu slăbiciunea.
Aceea nu sunt oamenii tăi!

Viața se întâmplă în fiecare clipă,
nu doar în clipele care ne plac.

Visează când dormi, trăiește când ești treaz.

Trebuie să fii mândru de ceea ce ești,
dar niciodată îngâmfat.

Adevărata frumusețe
nu ține doar de aspectele exterioare.
Ține de naturalețea și noblețea
cu care îți porți acea frumusețe în lume.

Fiecare ființă *vede* doar realitatea
pe care poate să o înțeleagă în acel moment.

Faptul că tu nu mușți,
nu înseamnă că nu vei fi uneori mușcat.

Câinele e sincer.
Nu va da din coadă dacă nu te place.

Nu toți oamenii te vor plăcea,
sau tu pe ei, și asta este în regulă.

Nu-i trezi pe cei care dorm,
atât la propriu cât și la figurat.

Nu te măsura sau compara cu nimeni,
chiar dacă alții se măsoară cu tine.

Poți trăi foarte bine
fără să cunoști invidia.

Datoria noastră nu este să fim pe placul cuiva,
ci să ne păstrăm *inima* curată, caldă și vie.

Faptele tale spun totul despre tine.
Nu vorbele.

Ți-ai învățat lecția, doar atunci când
nu mai repeți greșeala.

Poți fi de mare ajutor stând tăcut și
calm lângă cineva.

Privește cu atenție,
Viața este nouă în fiecare moment.

Trăind descoperim ce înseamnă
cu adevărat să fim o ființă umană.

**Prezența noastră în lume contează,
chiar și atunci când nu mai credem asta!**

Suntem. Ce minune!

Aducem în lume ceea ce suntem.

„Fie ca sufletul meu să zâmbească prin inima mea și ea să surâdă prin ochii mei, astfel încât să răspândesc în inimile întristate zâmbete bogate."

~ Y. Paramahansa

Ar mai fi fost multe de povestit, dar riscam să iasă o carte mult prea groasă, iar în vremurile în care trăim oamenii nu-și dedică, din păcate, atât de mult timp pentru citit precum îndrăgitul erou din „Alchimistul" și nici nu mai folosesc cărțile așa cum le mai folosea Santiago:

„Își întinse haina pe jos și se așeză, folosind cartea pe care o terminase de citit drept pernă. Își spuse înainte de a adormi că ar trebui să înceapă să citească niște cărți mai groase: durau mai mult până se sfârșeau și erau perne mai confortabile în timpul nopții."

~ Paulo Coelho

Mulțumiri

Mulțumim celor care citind despre Trust ați început să-l îndrăgiți. Datorită vouă, povestea lui va putea merge mai departe.

Mulțumim tuturor celor care atunci când vă povesteam câte o întâmplare cu Trust ne-ați spus că merită să le scriem, să se bucure și alții.

Mulțumim din suflet celor care ați făcut parte din minunata viața a lui Trust, datorită vouă aceste întâmplări au fost posibile.

Recunoscători pentru Joy, labradorul nostru năzdrăvan care ne-a mâncat manuscrisul, transmițându-ne astfel că este *bun,* mai ales că înainte ronțăise câteva opere alese. Și pentru că nu se supără când uneori este strigat Trust. Ne-a arătat că dacă ai încredere - Trust, vine și bucuria - Joy. Și poate cel mai important, că prin el, iubirea merge mai departe...

Îi mulțumim dragului nostru prieten Viggo Johansen, pentru că l-am simțit întotdeauna aproape de noi și de Trust; pentru că are mereu cuvintele potrivite la momentul potrivit și ne invită constant să recunoaștem ceea ce este esențial în mijlocul schimbărilor vieții.

Îi mulțumim din suflet dragii noastre Vigdis Garbarek, fără de care am fi ratat șansa de a vedea viața în toată splendoarea și minunăția ei și de a înțelege pe deplin rolul companionului Trust în viața noastră. Întâlnirile avute împreună în ultimii zece ani, ne-au ajutat să vedem mai clar diferența dintre Viață și povestea pe care ne-o spunem despre viață și ne-au inspirat și în alegerea titlului acestei cărți. Și pentru că a fost întotdeauna acolo pentru noi, încurajându-ne să îndrăznim să privim realitatea în față, cu onestitate și încredere.

Profund recunoscători Vieții
pentru că ne-a oferit cel mai de preț dar al ei
~ **iubirea** ~
în diversele ei forme,
chiar și în formă de labrador.

Cuprins